A casa, a nostalgia e o pó

A significação dos ambientes
e das coisas nas imagens
da literatura e do cinema:
**Lampedusa, Visconti
e Cornélio Penna**

A casa, a nostalgia e o pó

A significação dos ambientes
e das coisas nas imagens
da literatura e do cinema:
**Lampedusa, Visconti
e Cornélio Penna**

Pascoal Farinaccio

© Relicário Edições
© Pascoal Farinaccio

CIP –Brasil Catalogação-na-Fonte | Sindicato Nacional dos Editores de Livro, RJ

F225c

Farinaccio, Pascoal

A casa, a nostalgia e o pó: A significação dos ambientes e das coisas nas imagens da literatura e do cinema: Lampedusa, Visconti e Cornélio Penna / Pascoal Farinaccio. - Belo Horizonte, MG : Relicário, 2019.

188 p. ; 14cm x 21cm.
Inclui bibliografia, índice e anexo.
ISBN: 978-85-66786-85-9

1. Literatura italiana. 2. Cinema italiano. 3. Lampedusa. 4. Visconti. 5. Cornélio Penna. I. Título.

2019-241   CDD 850
                                   CDU 821.131.1

O presente trabalho foi realizado com apoio da Coordenação de Aperfeiçoamento de Pessoal de Nível Superior - Brasil (CAPES) - Código de Financiamento 001

CONSELHO EDITORIAL
Eduardo Horta Nassif Veras (UFTM), Ernani Chaves (UFPA), Guilherme Paoliello (UFOP), Gustavo Silveira Ribeiro (UFMG), Luiz Rohden (UNISINOS), Marco Aurélio Werle (USP), Markus Schäffauer (Universität Hamburg), Patrícia Lavelle (PUC-RIO), Pedro Süssekind (UFF), Ricardo Barbosa (UERJ), Romero Freitas (UFOP), Virginia Figueiredo (UFMG)

COORDENAÇÃO EDITORIAL Maíra Nassif Passos
PROJETO GRÁFICO & DIAGRAMAÇÃO Ana C. Bahia
CAPA Caroline Gischewski
REVISÃO Lucas Morais

RELICÁRIO EDIÇÕES
Rua Machado, 155, casa 1, Colégio Batista | Belo Horizonte, MG, 31110-080
relicarioedicoes.com | contato@relicarioedicoes.com

Para Michelle Nicié

Sei la luce i il mattino

Introdução
A alma dos ambientes e das coisas   **13**

Adendo: Entre a casa e a rua: um passeio pela alma do mundo com Virginia Woolf   **29**

Os ambientes e as coisas de LAMPEDUSA
As casas da infância ou o paraíso perdido (*Ricordi d' Infanzi*a)   **37**

Il Gattopardo   **54**

Os ambientes e as coisas de VISCONTI
Afinidades aristocráticas: o príncipe e o conde   **85**

Il Gattopardo no cinema: uma cenografia faustosa   **109**

Os ambientes e as coisas de CORNÉLIO PENNA
Um escritor recluso e colecionador de antiguidades: a fascinação pelo passado e as memórias da fazenda de café   **133**

A Menina Morta: a casa-grande como ambiente de vigilância e repressão   **144**

Museus de ruínas   **169**

Anexo
Duas caixas de música que pertenceram a Cornélio Penna   **177**

Referências   **179**

Sobre o autor   **185**

Agradecimentos

Agradeço à Capes pela concessão de bolsa de Estágio Sênior no exterior, que me permitiu realizar pesquisas na Università di Bologna e na Cineteca desta cidade, tornando possível, assim, a realização deste projeto conforme os objetivos almejados. Ao professor Roberto Vecchi, que foi meu supervisor de pós-doutorado e me acolheu generosamente na Università di Bologna, onde leciona. Aos meus colegas do setor de Literatura Brasileira da UFF, que aprovaram meu afastamento para a realização do estágio italiano. Aos meus alunos do Programa de Pós-Graduação em Estudos de Literatura da UFF, que acompanharam duas disciplinas minhas nas quais discuti a significação de lugares e objetos nas imagens da literatura e do cinema, e que muito contribuíram para que eu pudesse aprofundar e esclarecer fundamentos críticos e teóricos implicados neste estudo que enfim se publica.

À minha irmã, Maria Ana, e aos meus pais Giacomo e Francesca Farinaccio, por todo o apoio. Meus pais são imigrantes italianos que cruzaram o Atlântico em meados dos anos de 1950, acompanhados de seus respectivos pais e irmãos, para tentarem uma vida melhor no Brasil, posto que a miséria campeava na Itália devido às gravíssimas consequências da Segunda Guerra Mundial. Assim, ao fazer o caminho contrário, indo do Brasil à Itália (não de navio, como eles o fizeram naquela época, mas de avião...) para passar uma temporada de estudos, não pude deixar de sentir que eu prestava uma *homenagem* a eles, às minhas raízes familiares; e, de modo geral, à cultura italiana, que também corre no meu sangue e espírito desde a mais tenra idade, e com a qual me identifico com respeito e não menos paixão.

Um agradecimento especial – *in memoriam* – a Cristiana Cocco Carvalho, que foi minha professora particular de língua italiana. Conheci-a casualmente em Niterói, e qual não foi minha surpresa ao descobrir que seus pais, Albino Cocco e Renata Franceschi, haviam trabalhado com o diretor Luchino Visconti!: o pai Albino como assistente de direção em diversos filmes do cineasta (entre eles *Il Gattopardo*, analisado neste trabalho) e Renata Franceschi como figurante (é ela a pintora russa que aparece na praia do Lido em *Morte a Venezia*), como secretária de edição (por exemplo, em *L'Innocente*) e continuísta (devem-se às suas preciosas anotações, nos *sets* de filmagem de *Ludwig*, a possibilidade de remontar o filme conforme o projeto original de Visconti, o que não se logrou realizar com o diretor ainda em vida). Na casa de Cristiana, tive o prazer de ver fotos incríveis de Visconti em ação nos bastidores das filmagens de grandes obras do cinema italiano. Cristiana era uma pessoa muito alegre, entusiasmada e entusiasmante, e sua morte precoce (justamente quando enfim iniciava sua almejada carreira de professora universitária na Universidade Federal da Bahia) me entristeceu muito. Uma pena ela não ler essas páginas que ajudou a inspirar! Que saudades de você, minha amiga!

Por fim, um agradecimento a Michelle, a quem este trabalho é dedicado. Obrigado por tudo, por sempre estar ao meu lado e me revelar a "alma do mundo" para além de livros e filmes, levando-me a prestar atenção à beleza possível no cotidiano. Obrigado por ter cuidado do meu estimado gato Serafim na minha ausência. Este livro, uma parte de mim, do que vivi e pensei nestes últimos quatro anos, eu o ofereço a você com amor.

Saxa loquuntur

Mas se conseguires conquistar a confiança destes palácios, estes te contarão de bom grado e bondosamente a história de sua existência na linguagem magnífica, rítmica de seus pátios internos.

Rainer Maria Rilke, *O Diário de Florença*

Così l'ambiente diviene qualcosa di più d'un mero specchio dell'anima; è anzi un potenziamento dell'anima, o, se si vuol seguitare l'immagine dello specchio, un gioco di specchi, per cui s'aprono prospettive infinite [...] L'ambiente diviene um museo dell'anima, un archivio delle sue esperienze.

Mario Praz, *La Filosofia dell'Arredamento*

Introdução
A alma dos ambientes e das coisas

> *As coisas. Que tristes são as coisas, consideradas sem ênfase.*
> **Carlos Drummond de Andrade**, "A Flor e a Náusea".

Este ensaio crítico é resultado de um projeto de pesquisa de quatro anos em torno de três obras: *Il Gattopardo*, romance do escritor italiano Giuseppe Tomasi di Lampedusa, a adaptação cinematográfica homônima realizada pelo cineasta Luchino Visconti e o romance brasileiro *A Menina Morta*, de Cornélio Penna. Com relação às obras italianas, tivemos a oportunidade de realizar estudos na Università di Bologna e na Cineteca da cidade na condição de bolsista de pós-doutorado financiado pela Capes. Foi na Itália que se definiu o eixo de análise desse esforço comparativo envolvendo literatura e cinema e as culturas brasileira e italiana. As obras mencionadas possuem vários aspectos coincidentes, como se verá ao longo destas páginas; por ora, basta observar que apresentam como tema central e comum o declínio de classes poderosas na segunda metade do século XIX: a aristocracia siciliana, que perde espaço com o movimento revolucionário de unificação da Itália e a ascensão dos burgueses, e a classe proprietária rural escravocrata, que perde o compasso da História brasileira, que caminha para a Abolição e o fim do Império.

As transformações históricas, nas três obras em pauta, são colhidas particularmente em seus reflexos na vida familiar dos protagonistas: o príncipe de Salina no romance e filme italianos, e o Comendador, proprietário da fazenda do Grotão, no vale do Paraíba, no romance brasileiro. São narrativas de decadência familiar: representam núcleos familiares de grande prestígio que entram em declínio econômico e político-social; são histórias de um *arruinamento* progressivo de tradições que se esgotam e não têm mais vez na nova ordem social que se anuncia. O foco está na família e em seus cerimoniais; daí a centralidade do universo da casa, que é descrita (ou mostrada, no caso do filme) à exaustão nessas obras.

As três realizações artísticas devem muito à memória de experiências que remontam à infância e juventude de Lampedusa, Visconti e Penna. O caráter autobiográfico é manifesto. *Il Gattopardo* é um romance que tem atrás de si – como um verdadeiro motor da escrita – a decadência familiar do escritor, o príncipe Tomasi di Lampedusa, último *gattopardo* que assistiu à decadência da própria família bem como à destruição das casas amadas (a casa materna por um terremoto, a paterna pelas bombas da Segunda Guerra Mundial que caíram sobre Palermo); o cineasta e conde Luchino Visconti identifica-se, como jamais antes ou depois, com o protagonista do romance que adapta para o cinema, o príncipe de Salina, com o qual compartilha lembranças semelhantes das casas aristocráticas da infância e seus inúmeros cerimoniais e ritos de classe; por fim, Cornélio Penna, para reconstruir imaginariamente a grande fazenda de café faz recurso às lembranças das fazendas conhecidas por ele em sua infância em Itabira (MG) e Pindamonhangaba (interior de SP).

Quando partimos para Bologna, a ideia era realizar um trabalho cuja linha analítica principal estava na questão da decadência das famílias aristocráticas e proprietárias no final do século XIX. Mas todo projeto de pesquisa é, rigorosamente falando, uma *projeção* de intenções a partir do estabelecimento de um objeto de estudo inicial. Ao realizarmos pesquisas sobre *Il Gattopardo* nas bibliotecas da universidade e, no que toca à adaptação cinematográfica, na biblioteca Renzo Renzi da Cineteca de Bologna, fomos nos dando conta, cada vez mais, da importância da casa, dos ambientes e dos objetos de decoração nas obras italianas, o que também, a nosso ver, poderia ser estendido seguramente ao romance brasileiro, muito voltado para uma descrição minuciosa da casa-grande da fazenda.

Assim, sem deixar propriamente de lado a temática da decadência, do clima mortuário que marca profundamente as obras, a indicação de morte tanto individual quanto de classe e tradição familiar, direcionamos nossa atenção para ambientes e objetos que são matéria de apurada descrição nos dois romances e, no caso do filme, de uma reconstrução cenográfica sugestiva. Os signos da morte e da decadência podiam muito bem ser "lidos" nas ambientações ou, mais precisamente, na "alma" dos lugares e das coisas conforme materializados nas imagens literárias e cinematográficas.

Privilegiamos, em nossa pesquisa, do ponto de vista teórico, estudos que tratavam das relações entre seres humanos e ambientes e seus objetos cotidianos, das relações de mão dupla que se estabelecem entre pessoas e o mundo material que as circunda. Os resultados da linha de reflexão adotada aparecem nos três capítulos seguintes, dedicados cada um deles à análise e interpretação das obras ficcionais, sempre tendo como principal objetivo elucidar as sutis e por vezes complexas inter-relações entre as personagens e os cenários nos quais se movem e agem.

Nesta "Introdução" queremos apresentar uma primeira aproximação de escopo amplo e desvinculada dos romances e filme aqui selecionados (uma abordagem propriamente teórica) acerca de ambientes e coisas, considerando-se o papel fundamental que exercem na vida cotidiana.

O filósofo e psicólogo junguiano James Hillman (2010, p. 81) tem dedicado boa parte de sua reflexão à questão da "alma" de ambientes e objetos. Em ensaio intitulado "*Anima Mundi*: O Retorno da Alma ao Mundo", ele nos diz: "há alma em todas as coisas. Cada coisa de nossa vida urbana construída tem importância psicológica". E coloca como objetivo de seu esforço reflexivo fazer retornar a alma ao mundo, isto é, devolver ao mundo as suas "profundidades psíquicas". A *anima mundi* é definida da seguinte forma:

> Imaginemos a *anima mundi* como aquele lampejo de alma especial, aquela imagem seminal que se apresenta, em sua forma visível, por meio de cada coisa. Então, a *anima mundi* aponta as possibilidades animadas oferecidas em cada evento como ele é, sua apresentação sensorial como um rosto revelando sua imagem interior – em resumo, sua disponibilidade para a imaginação, sua presença como uma realidade *psíquica*. (Hillman, 2010, p. 89, grifo do autor)

Nessa perspectiva, o "rosto" das coisas materiais surge para nós precisamente como uma fisionomia a ser encarada *e* imaginada:

> O mundo se revela em formatos, cores, atmosferas, texturas – uma exposição de formas que se apresentam. Todas as coisas exibem rostos, o mundo não é apenas uma assinatura codificada para ser decifrada em busca de significado, mas uma fisionomia para ser encarada. Como formas expressivas, as coisas falam: mostram as configurações que assumem. Elas se anunciam, atestam sua presença: 'Olhem, estamos aqui'. Elas nos observam independentemente do modo como as observamos, de nossas perspectivas, do que pretendemos com elas e, de como as utilizamos. Essa exigência imaginativa da atenção indica um mundo almado. Mais – nosso reconhecimento imaginativo, o ato infantil de imaginar o mundo, anima o mundo e o devolve à alma. (Hillman, 2010, p. 89-90)

Desta passagem do texto de Hillman cabe frisar dois aspectos de grande importância. Em primeiro lugar, a "alma" das coisas materiais é dada em sua superfície. Como ele dirá pouco adiante: "Um objeto presta testemunho de si mesmo na imagem que oferece, e sua profundidade está na complexidade dessa imagem". Aqui, conforme já se disse certa vez, o mais profundo é a pele. A partir da pele é dada à contemplação e à imaginação material de cada sujeito a alma profunda do objeto. Hillman nos oferece o exemplo, bastante elucidativo, de um prédio:

> Qualificar um prédio de 'catatônico' ou 'anoréxico' significa examinar o modo como ele se apresenta, seu comportamento em sua estrutura descarnada, alta, rígida, magra, sua fachada envidraçada, frieza dessexualizada, sua explosiva agressividade reprimida, seu átrio interior vazio seccionado por colunas verticais. (Hillman, 2010, p. 92)[1]

À medida que a coisa ganha alma – vale dizer: vida – ela passa a chamar nossa atenção e nos atrai para si. Esse processo de "animação" das coisas é uma relação de mão dupla em que sujeito e objeto se iluminam reciprocamente: "A alma do objeto corresponde ou une-se à nossa" (Hillman, 2010, p. 90).

Um segundo aspecto importante a destacar da reflexão de Hillman diz respeito à sua observação de que as coisas "falam" e nos observam independentemente de nossas projeções afetivas singulares. A alma de um lugar não é uma criação individual. Os campos de concentração nazistas, para ficarmos com um exemplo extremo, possuem uma alma certamente pesada, opressiva, porque são lugares marcados profunda e historicamente pela morte, pelo sofrimento, pelo sangue. Quem visita hoje Auschwitz sentirá a alma lúgubre do lugar, e essa alma decorre de uma história que ultrapassa em muito qualquer possibilidade de projeção individual – o lugar fala de si mesmo, presta testemunho de si, e essa *anima* não provém simplesmente de nossa mente.

---

[1]. Aproveitamos para dar mais um exemplo, agora extraído de uma experiência pessoal, mas que julgamos digno de nota por conta de seu caráter, digamos, "didático" em relação ao assunto tratado. Entramos em uma loja de departamento para comprar uma garrafa metálica de água; ficamos então indecisos entre uma de cor prata, bastante discreta, e outra de um laranja vivo. Nesse ínterim, aproximou-se a vendedora, a quem expusemos nossa dúvida. Ao que ela sugeriu: "Leve a garrafa laranja, é mais alegre". Essa "alegria" surpreendida em um objeto inanimado, de frio metal, sem dúvida foi colhida em sua superfície colorida: a profundidade psíquica do objeto – no caso, a "alma alegre" da garrafa – decorre da imaginação material da vendedora.

Este outro (belo) exemplo dado por Hillman ajuda a esclarecer melhor a formação da alma das coisas, formação que pode ser compreendida como um processo cumulativo histórico-cultural – trata-se aqui da alma do trem:

> Tomemos o trem: no início era tido como um terrível monstro fumegante e barulhento, completamente privado de alma. Mas através dos filmes (Mastroianni, o cinema *noir*, as histórias de amantes nos trens, as locomotivas nos filmes *western* com os internos rococó, os raptos, os comboios dos *partigiani* e do holocausto...), o trem assumiu uma imagem nostálgica. E a estação ferroviária, com suas chegadas e as suas partidas, torna-se 'super-animada', um fenômeno repleto de alma. (Hillman, 2004, p. 56)[2]

Para captar a *anima mundi* não basta utilizar os olhos da razão. Hillman defende a necessidade de recuperar o que chama de "pensamento do coração" – o coração como órgão de apreensão do mundo, que permite inspirá-lo, conduzi-lo para dentro de nossa alma:

> No mundo antigo, esse [o coração] era o órgão da percepção. O coração era imensamente associado às coisas pelos sentidos. A palavra em grego para percepção ou sensação era *aisthesis*, que significa, em sua origem, 'inspirar' ou 'conduzir' o mundo para dentro, a respiração entrecortada, 'a-há', o 'uhh' da respiração diante da surpresa, do susto, do espanto, uma reação estética à imagem (*eidon*) apresentada. Na psicologia grega antiga e na psicologia bíblica, o coração era o órgão da sensação, era também o lugar da imaginação. (Hillman, 2010, p. 93-94)

O mundo grego antigo é uma referência decisiva nas reflexões do autor acerca da *anima mundi*. Pois é justamente ali que ele localiza um mundo repleto de alma, no qual os lugares possuíam

---

[2]. Tradução nossa. Grande parte da bibliografia utilizada neste ensaio está em língua italiana em decorrência das obras analisadas, *Il Gattopardo*, romance e filme, e, naturalmente, da pesquisa realizada nas bibliotecas de Bologna. Salvo indicação contrária, todas as traduções do italiano para o português são de nossa autoria.

qualidades e personificações específicas que cumpria a todos os homens respeitar. Leia-se:

> Na antiga Grécia, lugares como encruzilhadas, fontes, poços, bosques e similares, tinham qualidades específicas, personificações específicas: deuses, demônios, ninfas, *daimones*, e se o indivíduo era insciente de tudo isso, se era desatento às figuras que habitavam uma encruzilhada ou um bosque, se era insensível aos lugares, corria um grande perigo. Podia ser possuído. Consideremos, por exemplo, a *ninfolesia*: as ninfas ou Pã podiam dominar o viajante. Porque se devia ser consciente do que acontecia, de qual espírito, qual sensibilidade, qual imaginação presidia um lugar particular, ou como a psique, a alma, correspondia ao lugar no qual se encontrava. (Hillman, 2004, p. 90)

Já a época moderna, desde Descartes e Newton, vale dizer, da abstração do racionalismo e a revolução científica dos Seiscentos, segundo Hillman, perde o sentido da individualidade do lugar, de sua especificidade irredutível. Ao invés, entra em cena a noção de um "espaço vazio", uniforme, sempre igual, que pode ser medido e ocupado sem consideração pelas suas características próprias. No mundo antigo prevalecia uma concepção animista, pagã, segundo a qual tudo é vivo e tudo nos fala. A modernidade, por outro lado, parece funcionar como um ácido que corrói todos os sinais de diferença.

> A arquitetura modernista, da qual o mundo sofreu particularmente durante os anos 50 e 60, ainda hoje é a demonstração última do *Weltbild* newtoniano, a universalidade do espaço vazio (também niilista). Uma arquitetura esplendorosa, convencional e brilhante que se deixa colocar em qualquer lugar do mundo. Recordo de ter visto edifícios novíssimos construídos em Bombay (em torno de 1952) e de ter pensado que poderiam estar na minha cidade natal de Atlantic City, que é decadente justamente porque é newtoniana. (Hillman, 2004, p. 53)

A uniformidade e monotonia da arquitetura modernista contribuem para uma vida com os mesmos qualificativos, dado que a alma dos lugares está conectada à nossa, uma implica imediatamente a outra. Como o autor pondera, "as grandes construções nos fazem, não somente nós fazemos as construções. Versailles fez a corte da França, o Coliseu o fausto e a imponência de Roma, e São Pedro torna o Vaticano frio, cruel, culpado, e arrogante" (Hillman, 2004, p. 50), e assim por diante no tempo. Não cabe, nesta reflexão filosófica, a ideia de um "sujeito transcendental" que possa falar *independentemente* do lugar onde se encontra; ao invés, o lugar onde o sujeito se encontra revela, em grande medida, quem ele é.

Contra a "anestesia" contemporânea, a incapacidade de provar sensações no contato com lugares e coisas diversos, Hillman propõe o cultivo da "reação estética" nos confrontos com a fisionomia material do mundo. Ele julga que desse cultivo – um exercício para a vida toda – podem decorrer vários aspectos positivos, dentre eles, como dado prioritário, uma "desaceleração" por intermédio da atenção profunda aos detalhes e singularidades das coisas:

> A atenção para as qualidades das coisas ressuscita a velha noção de *notitia* como uma atividade primária da alma. *Notitia* refere-se àquela capacidade de formar noções verdadeiras das coisas, *a partir da observação atenta*. É dessa observação atenta que depende o conhecimento. (Hillman, 2010, p. 100, grifo nosso)

Outro efeito positivo seria o retorno do valor do sujeito para a coisa, ultrapassando as relações puramente mercantis, o chamado "valor de troca". A atenção às singularidades de cada coisa mostrará que ela tem valores específicos não passíveis de troca. A reação estética, afinal, é substancialmente "aquela vigilância agradável dos detalhes, aquela intimidade de um com o outro, como conhecem os amantes". Exatamente o contrário da vivência de um mundo sem alma, pois este "não oferece intimidade. As coisas são ignoradas"

(Hillman, 2010, p. 104). Olhar as coisas com a devida atenção, como ele dirá em outro ensaio, é simplesmente *respeitar* as coisas:

> Estas mudanças do re-ver, da segunda visão, são propriamente aquilo que indicam as palavras 'cuidado', 'respeito'. Re-speitar [*ri-spettare*] significa olhar de novo. Cada vez que olhamos a mesma coisa de novo, adquirimos maior respeito nos seus confrontos e aumentamos a sua respeitabilidade. (Hillman, 2005, p. 149)

Voltemos agora nossa atenção para os objetos de uso cotidiano que circundam nossa vida. Em seu livro *La Vita delle Cose* [*A Vida Das Coisas*], o filósofo italiano Remo Bodei propõe uma diferenciação entre os termos "objeto" e "coisa", sendo a coisa o objeto que foi investido afetivamente por um sujeito determinado. A coisa está imantada pelos sentimentos do sujeito. Assim, um objeto pode eventualmente se tornar uma coisa e vice-versa. Tendo em vista essa conceituação, optamos pelo termo "coisa" no subtítulo desse ensaio. Retomaremos essa diferenciação na análise de *Il Gattopardo*. Por ora, vale acentuar que "qualquer objeto é suscetível de receber investimentos e desinvestimentos de sentido, positivos e negativos" (Bodei, 2009, p. 23). São esses investimentos que produzem uma indissolúvel unidade entre as pessoas e as coisas que lhes pertencem (na terminologia de Hillman estamos aqui em plena "animação", doação de alma às coisas); os investimentos conferem sentidos e qualidades afetivas às coisas, preenchem-nas de traços humanos a ponto de fazer das coisas verdadeiros prolongamentos das pessoas.

As coisas, como os seres humanos, têm destinos imprevisíveis. Quando os pais de determinada pessoa morrem, por exemplo, os objetos doados, que então passam como herança de uma geração à outra, mudam de significação, pois o filho sobreporá seus investimentos aos que os pais outrora conferiram a seus bens cotidianos. No romance que analisaremos no próximo capítulo, *Il Gattopardo*, o príncipe de Salina pensa, em seu leito de morte, no triste destino que terão seus objetos queridos nas mãos indiferentes de seus herdeiros...

Cada geração é circundada por uma paisagem específica de objetos. Como observa Bodei (2009, p. 33), no objeto de época pode-se contemplar "os processos naturais e sociais que o produziram, sejam as ideias, os preconceitos, as inclinações e gostos de uma sociedade inteira". E aquele objeto, que foi considerado em determinado período como sendo "moderno", em época posterior pode ser considerado uma velharia inútil. Pensemos numa máquina de escrever (datilográfica): há poucas décadas atrás, era sinônimo de alguma sofisticação e de engenho técnico, certamente algum charme possuía, sobretudo se se tratasse de objeto de uso de algum escritor renomado, e que, para os jovens de hoje, tem, no máximo, o estatuto de uma peça de museu.

> Tornados anacrônicos [os objetos], terminam nos sótãos, nas cantinas, no banco de penhores, nos negócios de brechó e antiquários, nos depósitos. Reencontrados ou comprados, emanam um eflúvio de melancolia, semelham flores murchas que para renascerem têm necessidade de nossas atenções. (Bodei, 2009, p. 30)

Falamos em objetos que se tornam obsoletos, e isso notoriamente ganhou uma proeminência muito grande na sociedade dita pós-industrial. Os objetos são programaticamente feitos para que durem pouco e sejam, por conseguinte, rapidamente substituídos, em benefício da movimentação rápida do capital financeiro. Voltando a Hillman, observamos que, em relação a esse fenômeno contemporâneo de consumo voraz, ele chega a pensar em um verdadeiro "sofrimento" das coisas:

> As coisas são compostas de substâncias tóxicas e inflamáveis, prensadas em formas uniformes, lacradas de maneira fácil e barata, intocadas pela mão humana. *Não sofrem a ação do tempo nem amadurecem.* Sua existência é apressada pela pressão da obsolescência, já que uma geração sucede a outra em poucos meses. Vendidas por camelôs,

competindo somente pelo preço, e não por orgulho ou beleza inerente, o sofrimento delas se estampa em seu rosto. (Hillman, 2010, p. 97, grifo nosso)

Para fins de contraste com esses objetos, propositalmente malfeitos para que não durem e não conheçam o trabalho lento e gradual do tempo, que neles sedimenta camadas afetivas emanadas das pessoas, leiamos essa pungente reflexão do poeta Rainer Maria Rilke, que, em carta a Withold Hulewicz datada de 1925, pondera acerca de outra possibilidade de convivência humana com as coisas:

> Ainda para os pais de nossos pais uma 'casa' era uma 'casa', uma 'fonte' ainda lhes era uma torre infinitamente mais familiar, sim, sua própria veste, seu manto; quase toda coisa era um recipiente em que eles encontravam o humano. Ora acossam-nos da América coisas vazias, indiferentes, aparências de coisas, *sombras de vida* [...] Uma coisa, no sentido americano, uma maçã americana ou uma videira de lá não têm nada de comum com a casa, o fruto, o cacho de uva ao qual era dirigida a esperança e a meditação de nossos avós [...] As coisas, animadas, vividas, *conscientes conosco*, declinam e não podem mais ser substituídas. *Nós somos talvez os últimos que conhecemos tais coisas.* (Rilke *apud* Bodei, 2009, p. 72, grifo do autor)

A nosso ver, é correta a argumentação rilkeana (e muito aguda e presciente, se pensarmos que data de 1925) acerca da mutação das relações das pessoas com as coisas que lhes são próximas; com efeito, há um processo em curso, aqui flagrado em seus princípios, de *separação e descaso* com as coisas vistas como pertencentes à ordem do descartável. Atira-se hoje uma coisa fora com pouco ou mesmo nenhum pesar, para, então, substituí-la por outra semelhante. Por outro lado, sua suposição de que a geração em torno de 1925 tenha sido *a última* a ver coisas animadas, vividas a ponto de se tornarem "conscientes" em relação às pessoas, não nos parece acertada. Talvez em parte o seja, mas é possível supor aqui uma *dupla resistência* vigente hoje, tanto por parte dos objetos como das pessoas. Com relação aos objetos, é lícito supor, mesmo num mundo carregado de artefatos industriais, mal feitos e distribuídos por toda parte (basta pensar na invasão de objetos *made in China* que podem ser vistos literalmente em toda parte, muitos deles passando, inclusive, como *souvenirs* de diversas cidades de diversos países, como se fossem produção local e tivessem a ver com aquela cultura singular...), é, sim, pertinente supor que ainda se produzam, de forma mais artesanal, mas também sem excluir as possibilidades do *design* industrial mais sofisticado, belos objetos, que nos atraem por suas características específicas e por sua beleza.

No que se refere às pessoas, nunca se deve subestimar sua capacidade de "animação" das coisas, de adesão afetiva à matéria. Assim como James Hillman, Remo Bodei (2009, p. 11), ao refletir sobre a "vida" (a palavra escolhida não poderia ser de maior peso semântico!) das coisas, destaca a importância da *fantasia* em nossas relações com elas: "a fantasia constitui um fator inelimínável de nossa relação com as coisas. Essa acompanha o incessante variar de nossas projeções sobre o mundo e reelabora os múltiplos significados que a nossa espécie disseminou sobre as coisas". As coisas ativam nossa capacidade de imaginação – são núcleos geradores de imagens.

O processo de percepção e de animação das coisas, também cumpre colocar em destaque, é interminável e rigorosamente imprevisível. Sempre podemos descobrir novas qualidades nas coisas que voltamos a contemplar e então criar, a partir das sensações despertadas, novas imagens significativas para elas. Nos termos de Bodei (2009, p. 29), as coisas persistem, por mais que as analisemos e interpretemos à exaustão, com "um resíduo não analisável", o que lega a cada uma delas uma carga de mistério e de alusões inefáveis, "não porque não se possam dizer, mas porque não se terminaria jamais de dizer". Mais à frente, retomando o mesmo tópico de reflexão,

Bodei (2009, p. 83) refere-se ao "inexaurível núcleo de sentido das coisas".

As coisas, portanto, estão permanentemente abertas a novas interpretações, novas imaginações e novas animações. Tudo depende do olhar que se lança sobre elas. É preciso olhá-las com vagar, com atenção, com o interesse e o respeito – no sentido mais essencial do termo – que merecem. Pois as coisas, quando consideradas sem "ênfase", como nos diz Carlos Drummond de Andrade em verso extraordinário de "A Flor e a Náusea", são tristes. Devem ser contempladas com ênfase para que nos *falem* à alma.

Em um de seus mais conhecidos ensaios corsários, o poeta, ensaísta e cineasta Pier Paolo Pasolini discorre acerca da "linguagem pedagógica das coisas"; dentre suas primeiras lembranças, o artista traz à tona a imagem de uma cortina que, em sua avaliação, resumia todo o "espírito da casa":

> A primeira imagem da minha vida é uma cortina, branca, transparente, que pende – imóvel, creio – de uma janela que dá para um beco bastante triste e escuro. Essa cortina me aterroriza e me angustia: não como alguma coisa ameaçadora ou desagradável, mas como algo cósmico. Naquela cortina se resume e toma corpo todo o espírito da casa em que nasci. Era uma casa burguesa em Bologna.(Pasolini, 1990, p. 125)

Nas coisas se condensa e se concentra um mundo de memórias, elas despertam imagens saturadas de vivências e comunicam lembranças. Assim sendo, os "discursos de coisas" possuem um "caráter pedagógico":

> O conteúdo das minhas lembranças não se sobrepunha de fato a eles: o conteúdo deles era somente deles. E me era comunicado por eles. Sua comunicação era, portanto, essencialmente pedagógica. Ensinavam-me onde eu tinha nascido, em que mundo vivia e, acima de tudo, como devia conceber meu nascimento e minha vida. (Pasolini, 1990, p. 126)

Pasolini enfatiza a força dos objetos enquanto meios de educação da criança:

> A educação que um menino recebe dos objetos, das coisas, da realidade física – em outras palavras, dos fenômenos materiais de sua condição social – torna-o corporalmente aquilo que é e será por toda a vida. O que é educado é a sua carne, como forma do seu espírito. (Pasolini, 1990, p. 127)

Com o passar dos anos, Pasolini veio a conhecer outros objetos que não aqueles do lar burguês de infância: objetos rústicos em quintais de casas pobres, móveis e utensílios proletários e subproletários etc. Em resumo, conhece a paisagem de objetos de classes sociais desfavorecidas. Foi um grande aprendizado, pois, em princípio, o único "mundo verdadeiro" demonstrado pelos objetos físicos parecia ser o seu, o de sua origem familiar. Pois a "condição social" se reconhece na carne do indivíduo, e essa é plasmada "justamente pela educação física da matéria da qual é feito o seu mundo" (Pasolini, 1990, p. 127). E, a essa altura, entra em cena uma reflexão bastante discutível do autor. A seu ver, o "discurso pedagógico" emanado dos objetos é "autoritário e repressivo":

> O que aquela cortina me disse e me ensinou não admitia (e não admite) réplicas. Não era possível nem admissível nenhum diálogo, nenhum ato autoeducativo. Eis porque acreditei que o mundo todo fosse o mundo que aquela cortina me tinha ensinado: ou seja, que o mundo todo fosse bem-educado, idealista, triste e cético, um tanto vulgar; pequeno-burguês, em suma. (Pasolini, 1990, p. 126)

A argumentação de Pasolini desconsidera completamente o papel da imaginação, da fantasia, na relação da criança com o mundo dos objetos. Não se trata, como ele propõe, de um discurso "autoritário e repressivo", e que não admite réplicas, não admite diálogo. Não resta dúvida de que existe uma estratificação socioeconômica dos objetos, que pobres e ricos não desfrutam dos mesmos objetos. Também já vimos aqui como os gostos de uma sociedade, e, particularmente, de uma classe social, se inscrevem nas coisas. Assim, conhecer objetos pertencentes a classes sociais diversas ensina muito acerca da complexidade e da pluralidade dos contextos sociais e de suas divisões, suas fraturas mais ou menos expostas.

Por outro lado, a ponderação de que uma cortina possa autoritariamente ensinar a uma criança aquilo que ela é – e será na vida futura! – nos parece forçosamente redutora, em vista do que temos discutido aqui acerca da *anima mundi*. Trata-se, a nosso ver, de uma projeção de conhecimentos e interesses de Pasolini adulto sobre uma experiência infantil, mas que compromete a experiência original propriamente dita, distorcendo-a ideologicamente. A "pedagogia das coisas", na verdade, é muito mais flexível do que cogita o cineasta, pois pressupõe tanto a imaginação ativa da criança, como o próprio núcleo inexaurível de significação das coisas – elas se prestam a toda sorte de alusões e inferências. Há, certamente, diálogos e réplicas!

Veja-se como outro autor de origem burguesa, Walter Benjamin, nos oferece visão bem mais adequada da relação da criança com as coisas. Relembrando sua infância em Berlim por volta de 1900, Benjamin (1995, p. 124) observa que, para a criança que ele foi, castanhas espinhentas eram estrelas da manhã, folhas de estanho eram tesouros de prata, cubinhos de construção eram ataúdes, cactos eram totens, e, moedas de cobre, escudos: tudo se prestando a suas coleções infantis, cujo valor pessoal ia, certamente, muito além da compreensão dos adultos. Na mesma linha, a mesa da família burguesa era, para o menino, um lugar sob o qual se acocorar, um templo "cujas colunas são as quatro pernas talhadas" (Benjamin, 1995, p. 91); e a coberta era ajeitada a modo de uma "caverna": "puxava a coberta por sobre a cabeça e demorava o ouvido na garganta escura, alimentando o silêncio, de quando em quando, com palavras que de lá retornavam como histórias" (Benjamin,

1995, p. 109). Crianças têm grande capacidade de transfiguração das coisas cotidianas, sabem ver o ordinário com os olhos do extraordinário, e não é de duvidar que, para muitas delas, uma cortina tremulando sugira a aparição de algum fantasma...

O olhar infantil deve/pode permanecer, para os adultos, como um modelo exemplar. A propósito, não é precisamente o poeta – conforme sugerido em ensaio bastante conhecido de Freud – aquele que de certa forma mantém a criança viva dentro de si, reativando seu olhar deslumbrado para o mundo físico e sua capacidade de fantasiar?[3] Ainda para aqueles que não são poetas, é sempre possível um olhar com ênfase sobre as coisas, uma atenção concentrada nos detalhes e singularidades, um demorar-se sobre a face das coisas para investigar os recados da matéria, um olhar que vá além do óbvio e da banalidade que tendem a esconder a natureza e a história das coisas – esse olhar, sempre possível, "constitui a premissa de toda busca e descoberta" (Bodei, 2009, p. 34).

E ainda há outro recurso, acessível e promissor, que pode nos auxiliar a aguçar o olhar para a alma do mundo e das coisas: a arte.

> Entre todas essas estradas, a mais promissora parece aquela da arte, incorporada pela filosofia contemporânea como itinerário privilegiado para uma restituição às coisas daqueles significados que foram erodidos, enquanto supérfluos ou marginais, pela usura do hábito, do enfraquecimento da memória histórica e da prática das generalizações científicas. (Bodei, 2009, p. 82)

---

3. "Não deveríamos procurar os primeiros indícios da atividade poética já nas crianças? A atividade que mais agrada e a mais intensa das crianças é o brincar. Talvez devêssemos dizer: toda criança brincando se comporta como um poeta, na medida em que ela cria seu próprio mundo, melhor dizendo, transpõe as coisas do seu mundo para uma nova ordem, que lhe agrada. Seria então injusto pensar que a criança não leva a sério esse mundo; ao contrário, ela leva muito a sério suas brincadeiras, mobilizando para isso grande quantidade de afeto [...]. O poeta faz algo semelhante à criança que brinca; ele cria um mundo de fantasia que leva a sério, ou seja, um mundo formado por grande mobilização afetiva, na medida em que se distingue rigidamente da realidade" (Freud, 2015, p. 54).

Adendo
Entre a casa e a rua:
um passeio pela alma do mundo com Virginia Woolf

Embora não faça parte do *corpus* ficcional deste trabalho, que compreende substancialmente as obras de Giuseppe Tomasi di Lampedusa, Luchino Visconti e Cornélio Penna, a escritora inglesa Virginia Woolf nos convida a um breve (e irresistível) passeio londrino pela casa e pelas ruas de sua cidade natal, sempre de olhos muito atentos à *anima mundi* – a alma do mundo. Sua "prosa poética" intitulada "Flanando por Londres" nos oferece um exemplo belíssimo de contemplação aguda e afetuosa dos lugares e das coisas, podendo nos servir aqui para estabelecer um diálogo com o recorte teórico que acabamos de expor. Cremos que se trata de leitura que ajuda a compreender melhor a reflexão filosófica, sobretudo a de James Hillman, ao passo em que simultaneamente torna-se iluminada por ela.

Poucos autores são tão sensíveis às reverberações ânimicas das coisas como Virginia Woolf. Ela as capta com destreza e extraordinário senso poético. Nessa perspectiva, contribui, com seu exemplo notável, para que também nós abramos os nossos olhos para o mundo, para que fiquemos atentos aos detalhes das coisas físicas; com sua imaginação tão rica, em suma, impele-nos também para um exercício cotidiano de imaginação a partir de nossas interações com os ambientes nos quais costumamos circular.

Tudo começa com um pretexto: sair de casa para comprar um lápis. Sair para caminhar por Londres entre o chá e o jantar, na hora e estação adequadas: "A hora deve ser à tardinha, e a estação, o inverno, pois no inverno a luminosidade cor de champanhe do ar e a sociabilidade das ruas são adoráveis" (Woolf, 2015, p. 43). Mas, antes disso, um olhar lançado sobre o próprio quarto, no qual se vive diariamente uma solidão tão agradável: "Pois aqui nos sentamos rodeados por objetos que perpetuamente expressam a excentricidade de nossos humores e impõem a memória de nossa experiência" (Woolf, 2015, p. 44).

O olhar mapeia o quarto e recai afinal em um vaso sobre a lareira. O vaso detona uma série de lembranças, de imagens visuais: volta à mente Mântua, onde a peça foi comprada numa manhã com muito vento; voltam as videiras enroscadas nos mourões e o céu estrelado; volta um senhor inglês avistado entre xícaras de café e mesinhas de ferro: "Tudo isso – a Itália, a manhã ventosa, as videiras enroscadas nos mourões, o cavalheiro inglês e os segredos de sua alma – ergue-se como uma nuvem do vaso de porcelana sobre a lareira" (Woolf, 2015, p. 44). O vaso é o objeto físico que funciona como uma espécie de receptáculo do tempo vivido; uma vez contemplado, ocorre uma detonação de imagens das experiências passadas; o vaso está repleto de alma – é animado por um olhar nostálgico e *devolve* o olhar com generosidade, abrindo as portas para uma infinidade de lembranças e associações.

Enfim, a rua. O olho desliza suave e apaixonadamente pela superfície das coisas: "O olho não é minerador, não é mergulhador, não é caçador de um tesouro enterrado. Ele nos faz flutuar suavemente regato abaixo; descansando, parando, o cérebro dorme, talvez enquanto olha" (Woolf, 2015, p. 45). O olho capta a alma das coisas em sua superfície; as profundidades psíquicas das coisas são colhidas na face imediata que expõem à contemplação do observador. E note-se que se trata de um olhar sem pressa, que para aqui e acolá, que "descansa", extasiado diante do espetáculo do mundo que se lhe oferece – e por ser lento esse olhar, é também atencioso, respeitoso.

A beleza atrai o olhar da caminhante:

> Demoremo-nos um pouco mais, contentemo-nos ainda com a superfície apenas – o brilho reluzente dos ônibus a motor; o esplendor carnal dos açougues, com suas paletas amarelas e seus lombos rubros; os buquês de flores azuis e rubras inflamando tão bravamente as vitrines das floriculturas.

> Pois o olho tem esta estranha propriedade: repousa apenas na beleza; como uma borboleta, busca o colorido e se delicia com o caloroso. (Woolf, 2015, p. 46-47)

Trata-se de uma reação estética em face do que a paisagem urbana apresenta aos olhos. De modo geral, a beleza atrai, chama a atenção, alegra e faz com que o observador *aprecie* e *tome gosto* pela materialidade do mundo, ele o traz então para dentro de si, isto é, *inspira o mundo externo tornando-o também interno*. Contrariamente, a experiência da feiura tende a confranger o coração: ao invés de atrair, repele. A passagem coloca em destaque a irradiação e a importância da beleza para a alma – muito além do "gueto" da arte onde alguns tendem a encerrá-la, a beleza pode ser encontrada em toda parte, inclusive nas pequenas coisas da vida cotidiana.

Os objetos despertam a *imaginação*. Um colar de pérolas visto na bandeja de um joalheiro de antiguidades é matéria suficiente para uma viagem imaginativa prazerosa, repleta de nuanças sutis e de detalhes vistosos:

> Escolhamos essas pérolas, por exemplo, *e então imaginemos como a vida seria outra se as usássemos*. De repente, são duas ou três horas da madrugada [...] Portando pérolas, vestindo seda, caminhamos até um terraço que dá para os jardins de uma dormente Mayfair. Há umas poucas luzes nos quartos de grandes pares do reino que voltam da Corte, de lacaios de meias de seda, de velhas damas que apertaram a mão de estadistas. Um gato desliza pelo muro do jardim. Sibilantemente, sedutoramente, por detrás de grossas cortinas verdes, faz-se amor nos lugares mais escuros do quarto. (Woolf, 2015, p. 51, grifo nosso)

A partir das pérolas, toda uma *narrativa* de grande força visual é montada: uma noite de festa, um vestido de seda, amabilidades trocadas entre aristocratas, um gato em seu passeio noturno, pessoas que se amam atrás de cortinas verdes... uma *outra vida* se anuncia por trás da vida presente, do instante da percepção de um colar de pérolas. Vai-se das ruas vespertinas de Londres para outros lugares provavelmente em poucos segundos... é preciso uma grande disponibilidade para realizar tão ricos devaneios!

E, no entanto, essa "outra vida" detonada pelo colar, puramente imaginária, não é menos digna ou menos "verdadeira" que aquela que se desenrola no presente factual, na caminhada pela rua e pelo comércio: "O verdadeiro eu é este que está na rua em janeiro ou aquele que se debruça sobre o terraço em julho? Estou aqui ou estou lá? (...) As circunstâncias impõem a unidade; por conveniência, um homem deve ser um todo" (Woolf, 2015, p. 52). Por baixo ou para além da "conveniência" pulsa a vida do espírito, que não conhece limites físicos e temporais, e se espraia, fragmentariamente, por realidades diversas – um eu que é também um ou muitos outros.

Afinal, entra-se numa papelaria para comprar o lápis. Mais uma vez, as antenas sensíveis da caminhante detectam a alma do lugar, ou, melhor dizendo nesse caso, as flutuações de humor da alma do lugar:

> É sempre uma aventura entrar num lugar pela primeira vez, pois as vidas e os personagens dos seus donos aí deixaram a sua atmosfera e assim que entramos nos deparamos com uma nova onda de emoção. Aqui, nesta papelaria, havia sem dúvida gente discutindo. Sua raiva permeava o ar. (Woolf, 2015, p. 58)

Sem que nada houvesse sido dito, a recém-chegada percebe a raiva circulante no ambiente, certamente derivada de uma briga entre marido e mulher, proprietários da loja. A alma do lugar está impregnada da alma de seus moradores, atualizando até mesmo as variações de afetos.

Feita a compra, cumprido o passeio, é hora de retornar para casa.

É verdade: fugir é o maior dos prazeres; flanar pelas ruas no inverno, a maior das aventuras. Ainda assim, enquanto nos aproximamos, de novo, dos degraus de nossa própria casa, é confortador nos sentirmos envolvidos pelas velhas posses, pelos velhos preconceitos. (Woolf, 2015, p. 60)

Perfaz-se, assim, um círculo perfeito, da casa à rua, da rua novamente à casa; e em cada momento do percurso verificamos, com deleite, a imensa capacidade dessa narradora-caminhante de dialogar com a alma e a vida dos objetos, de acentuar a singularidade irredutível de cada coisa, por mais humilde que ela possa ser – coisas humildes, cotidianas, as quais – como também nos mostra – possuem a sua imponderável carga de poesia.

Aqui está, de novo, a porta de sempre; aqui, a cadeira virada como a deixamos e o vaso de porcelana e o círculo marrom no tapete. E aqui – não deixemos de examiná-lo com carinho, de tocá-lo com reverência – está o único butim que, dentre todos os tesouros da cidade, conseguimos resgatar: um lápis. (Woolf, 2015, p. 60)

Os ambientes e as coisas de
LAMPEDUSA

As casas da infância ou
o paraíso perdido *(Ricordi d'Infanzia)*

No coração do romance *Il Gattopardo* pulsa a nostalgia de duas casas amadas e perdidas pelo seu autor, o príncipe Giuseppe Tomasi di Lampedusa. As casas perdidas são propriamente um *motor* de sua narrativa, na qual se cruzam os acontecimentos da História e as suas memórias pessoais. As casas são o palazzo Lampedusa, em Palermo, e o palazzo Cutò di Santa Margherita, no vale de Belice, a aproximadamente setenta quilômetros a sudoeste da capital da Sicília. Sobre o primeiro, palazzo Lampedusa, David Gilmour (1988, p. 24), em sua excelente biografia do escritor, fornece algumas informações precisas:

> O grandioso palazzo, construído em torno de três pátios, de fachada branca e amarela com uns sessenta metros de extensão, foi erguido em 1620 e sofreu numerosos restauros no curso do século seguinte. Antes de tornar-se casa Lampedusa o edifício tinha sido um seminário.

O palazzo di Santa Margherita, por sua vez, "o segundo lugar mais importante da infância de Giuseppe", ainda segundo Gilmour (1988, p. 38), era a casa em que a família Lampedusa passava as férias de verão, e às vezes mesmo parte do inverno, tratando-se de uma propriedade que fora herdada pela mãe do escritor. Santa Margherita é a inspiração confessa para a Donnafugata do *Gattopardo*, diga-se desde logo.

As duas casas são propriamente o "paraíso perdido" de Lampedusa. E perdido em sentido rigorosamente literal. A casa Lampedusa, em Palermo, foi destruída pelos bombardeamentos americanos nos meses de março e de abril de 1943, durante as ações bélicas da Segunda Guerra Mundial. Conferida a destruição da casa e a morte de inocentes na cidade bombardeada, Lampedusa (*apud* Tomasi, 2007, p. 40) escreve à esposa Licy, que se encontrava na ocasião em Roma: "Se se vê aquilo que sucedeu dá vontade de cuspir sobre o próprio passaporte de homem...". Gioacchino Lanza Tomasi, filho adotivo de Lampedusa, apresenta-nos uma imagem viva e comovente dos sentimentos e reações do escritor quando esteve diante das ruínas da casa paterna destruída pelas bombas: "Giuseppe para diante das ruínas e alcança a pé a villa de Stefano Lanza di Mirto em Santa Flavia. Ali permanecerá três dias, *sem conseguir falar*, antes de voltar a Capo d' Orlando [onde moravam seus primos Piccolo]" (Tomasi, 2007, p. 40, grifo nosso).

Quanto à casa de Santa Margherita, ela se perde mais precisamente na infância remota do escritor; devido a dificuldades financeiras, o palazzo fora vendido já em 1921 a inimigos históricos da família materna. E, por fim, também ele veio a se tornar um amontoado de ruínas, pois acabou destruído em um terremoto no ano de 1968, que arrasou praticamente todo o vale de Belice, onde se localizava. São perdas irreparáveis e que vêm somar-se a uma história familiar de decadência patrimonial ao longo de muitos séculos, de que o príncipe-escritor, por assim dizer, é o agenciador final.

Os membros da família Tomasi, o ramo paterno, tornaram-se duques de Palma (uma cidadezinha a sudeste de Agrigento) em 1638 e príncipes de Lampedusa (uma ilha árida e bastante desabitada, mais próxima da África que da Sicília) em 1667, a qual foi posteriormente vendida em 1840. Giuseppe Tomasi di Lampedusa, o último descendente, era, portanto, duque de Palma e príncipe de Lampedusa (mais precisamente: era mais conhecido como duque de Palma até a morte do pai, em 1934, passando, depois disso, a ser reconhecido como príncipe). A aristocrática família siciliana tinha como brasão a imagem do *gattopardo* (leopardo) rampante, que se fazia acompanhar da legenda religiosa *Spes mea in Deo est* ("A minha esperança está em Deus").

São muitos os percalços da família Lampedusa em direção à própria decadência patrimonial, e seria tarefa árdua e de pouca utilidade para os fins deste ensaio enumerá-los todos aqui, mas um fato histórico importante, conforme nossas pesquisas acerca do assunto, e que vale destaque, é o fim da "feudalidade" em 1812, o que colocou muitos aristocratas sicilianos em dificuldades financeiras:

> Certamente esses foram de todo incapazes de fazer frente à lei napolitana sobre herança que tinha como objetivo subdividir as propriedades mais extensas e menos produtivas, tornando assim mais eficiente a agricultura (...) sua inevitável consequência foi a decadência da nobreza territorial. (Gilmour, 1988, p. 25)

A situação financeira do pai do escritor, chamado Don Giulio, já era desesperadora:

> Ao herdeiro, Don Giulio, pai do autor do *Gattopardo*, seria portanto destinado dois por cento do patrimônio do avô [o príncipe Giuseppe, que por sua vez recebeu um nono do patrimônio familiar, depois dividido por seus 5 filhos, entre eles o pai de Lampedusa acima mencionado], uma perspectiva aviltante para um príncipe orgulhoso e litigioso, decidido a viver como aristocrata [...] A fortuna dos Lampedusa era àquele ponto [os anos 30 do século XX] irrecuperável. A manter o estilo de vida aristocrático de Don Giulio contribuía já há tempo o dinheiro da esposa e a generosidade de alguns amigos, mas também estas fontes estavam agora virtualmente secas. Quando algum tempo depois ele morreu, ao filho [Giuseppe, o escritor] restou bem pouco a herdar. (Gilmour, 1988, p. 27-28)

São vários os estudos (como o do próprio Gilmour) que apontam para a inaptidão dos Lampedusa para o trabalho prático e regular, a gestão de negócios e de patrimônio, o que só fez, naturalmente, acelerar a derrocada econômica. Cada nova geração de aristocratas buscava simplesmente viver da pujança que vinha de um antiquíssimo passado ilustre, pujança econômica que ia, como visto, diminuindo a passo de gazela... Com relação à perda das casas, entretanto, é preciso notar que não se trata apenas – ou sobretudo – de uma perda financeira. À casa está vinculada toda uma tradição de família, ela é a depositária privilegiada e também a transmissora de conteúdos únicos relativos às vivências íntimas de gerações sucessivas de parentes aristocratas. Como bem observa o biógrafo: "(...) a Giuseppe importava aquele patrimônio não tanto pelo que comportava de vantagens materiais, mas pelo tanto que representava para a tradição e a história familiar (...) Da decadência dos Lampedusa Giuseppe ressentiu-se pois essa condenava sua família às trevas da história" (Gilmour, 1988, p. 20).

Na mesma perspectiva, que entrelaça casa e memória da aristocracia, escreve Gioacchino Lanza Tomasi (2007, p. 15):

> Um palazzo palermitano é comparável a um grande palco cênico onde a família representa a si mesma. Neste teatro todos concorrem à recitação de uma glória dinástica, ele é uma espécie de ópera séria, a representação apologética de uma hierarquia de valores.

E, mais à frente, outra excelente observação sobre o mesmo aspecto, tão decisivo para a economia narrativa de *Il Gattopardo*:

> O condicionamento do ambiente petrificado é uma situação tipicamente aristocrática. Nascido no antigo palazzo Lampedusa, Giuseppe Tomasi dele absorve a aura e termina por considerar-se o acidente de uma cultura e de uma civilização que se manifesta na 'casa'. (Tomasi, 2007, p. 68)

Nos três derradeiros anos de sua vida, Lampedusa retornaria, por meio de seus escritos, às casas amadas. Porque quis o destino que justamente o último Lampedusa – o último gattopardo –, fosse "uma pessoa capaz de recordar e compreender as tradições de sua família, em condições, no último momento, de transformá-las em literatura" (Gilmour, 1988, p. 2007). Nesse último período de sua vida, portanto, o autor siciliano escreverá uma série de contos notáveis (entre eles, o mais que admirável "La Sirena") e duas verdadeiras obras-primas que aqui nos interessam particularmente: *Ricordi d'Infanzia* (*Recordações de Infância*, um texto de memórias) e o romance *Il Gattopardo*, duas obras que dialogam intensamente entre si numa tal solidariedade temática que as faz propriamente complementares. De uma perspectiva de análise e de interpretação como a nossa, pode-se dizer que uma obra lança luz sobre a outra e assim se esclarecem reciprocamente.

Em belas páginas nas quais relembra Lampedusa e que compõem o que hoje é considerado um clássico do gênero biográfico, o crítico italiano Francesco Orlando, que fora, em sua juventude, aluno particular de literatura do autor do *Gattopardo*, questiona-se acerca deste

> [...] irresistível retorno ao passado que o [Lampedusa] guiava entrementes a escrever as recordações da infância primeiro e o romance depois? Como distinguir em um caso como o seu entre a carga lírica das recordações mais íntimas, e a nostalgia de precisas circunstâncias históricas – vale dizer, no fundo, o primado social e econômico de sua classe? (Orlando, 1996, p. 55)

A primazia de classe havia se perdido no tempo, mas sobrara ao empobrecido príncipe-escritor um bem inalienável: "Desaparecido ou ameaçado este primado, restava segundo ele insuprimível uma coisa, a qualidade de uma especialíssima educação" (Orlando, 1966, p. 53). Sem dúvida nenhuma, ele possuía uma educação refinada e, mais importante para a produção de sua obra, também um conhecimento inestimável da vida aristocrática em seus mais sutis pormenores, fossem eles simbólicos ou materiais. Como a crítica apontará posteriormente, uma das originalidades de *Il Gattopardo* é ser um romance sobre a aristocracia italiana *escrito de um ponto de vista interno*. Voltaremos nossa atenção a essa característica da obra, mas, por ora, parece-nos bem mais importante destacar a palavra "nostalgia" que comparece no texto de Orlando. Lampedusa, já ao final de sua vida, escreve sobre o passado de sua classe movido por um irresistível impulso nostálgico, que o transporta de volta às casas da infância. Porém, o que vem a ser, precisamente, a nostalgia? O filósofo Roberto Perigalli, em livro que representou, para nosso estudo, uma verdadeira iluminação no que diz respeito à importância dos lugares e sua relação com a passagem do tempo e as vivências pessoais, belamente intitulado *I Luoghi e La Polvere*: Sulla Bellezza dell' Imperfezione (*Os Lugares e o Pó*: Sobre a Beleza da Imperfeição), discorre sobre o sentimento da nostalgia. A nostalgia está relacionada à passagem do tempo e ao pó – vale dizer, ao envelhecimento – que imprime significado aos lugares e às coisas com as quais mantemos intenso contato ao longo de nossa existência. Primeiramente, propõe-se o tempo como a "carne" de que somos feitos:

> O tempo é a nossa carne. Somos feitos de tempo. Somos o tempo. É uma curva inexorável que condiciona cada gesto da nossa vida, compreendida a morte. Vemos uma coisa e já não é mais. Nisso está sua suprema beleza. Um raio de luz que ilumina um templo em Selinunte, último, enquanto desce a noite, o olhar de quem te ama colhido em sua surpresa, o reflexo em uma poça de água das linhas de uma casa, antes que a chuva recomece a encrespar sua superfície. São instantes fungíveis. Não retornarão mais. Continuam no entanto a preencher a nossa existência. Na recordação, a luz daquele momento é difusa sobre nós. (Perigalli, 2010, p. 11)

Esse movimento incessante de todas as nossas percepções e vivências cotidianas rumo ao passado, e a aguda consciência de que fazem parte de momentos que "não retornarão mais", gera o sentimento a que chamamos de nostalgia: "Nasce assim a nostalgia, o doloroso desejo do retorno. O olhar sobre aquilo que não é mais se adensa na memória. Os instantes passados revivem na recordação (...) A nostalgia é a nossa vida" (Perigalli, 2010, p. 11-12). A nostalgia dialoga e se apropria da "aura encantada" das coisas revivendo-as como imagem que condensa a experiência temporal na recordação:

> A alma dos lugares, o sentido de sua existência, é independente de nós. Mas esta alma é determinada pela fragilidade temporal dos lugares. O tempo os modifica e lhes doa uma aura encantada. A nostalgia enquanto sentimento fundante dela se apropria. O tempo que escorre retorna sobre si mesmo como uma imagem. (Perigalli, 2010, p. 12)

A fragilidade temporal é um ponto chave nessa reflexão. Os lugares e as coisas envelhecem, assim como nós. Porém, as sociedades modernas não admitem o envelhecimento de lugares e de objetos: o envelhecimento é entendido mais precisamente como *obsolescência* e motivo de vergonha (não é incomum falar-se hoje de "obsolescência programada" dos produtos de consumo) e tudo que se adquire deve ser substituído em breve tempo por um produto mais novo, quase sempre proposto pelo mercado como mais "avançado tecnologicamente". Quanto às pessoas, é escusado insistir no assunto; basta pensar na avalanche mundial de cirurgias plásticas para fins "estéticos" e o mito corrente da eterna juventude. Para usar um termo caro ao filósofo Perigalli, busca-se eliminar o *pó* que se deposita sobre as coisas com a inevitável passagem do tempo:

> O pó de que era composto o primeiro homem, Adão, é aquele que se deposita sobre as coisas, uma camada que as recobre e as protege. Tudo deperece, tudo se consome e se arruína. Mas a ruína tem um fascínio deslumbrante [...] São as pobres coisas que testemunham um mundo perdido, cujos traços apenas visíveis constituem o tecido de nossa vida. (Perigalli, 2010, p. 12-13)

Nessa perspectiva, pode-se compreender, por exemplo, a *vida* de uma casa como fruto dos traços da sedimentação do tempo: o enegrecimento de certa camada de tinta ou da moldura das janelas, as rachaduras numa parede etc "são as rugas do tempo desta casa, são a sua vida" (Perigalli, 2010, p. 17). Esse envelhecimento do lugar, esse pó que ali se deposita, *informa* o olhar de quem o vê e, ainda que de forma inconsciente, é responsável pela fascinação que advém:

Os traços de sedimentação do tempo em cada interstício são o sinal da presença que o lugar teve, são a linfa a que atingir a cada vez que se olha [...] A sensação única que se prova olhando aquele lugar, o seu lado pungente, constitui a sua alma. As crianças que correram sob suas portas, nos quintais, as pessoas que fizeram amor escondidas atrás de um muro para não serem vistas, as brigas, os mortos, tudo está escrito naqueles muros. E quando o olhamos, ainda que inadvertidamente, a luz que emana é dada por isso. (Perigalli, 2010, p. 17)

A sugestão de que se possa eliminar esse tempo *inscrito* nos lugares, em favor do eternamente novo (que pode ser alcançado inclusive com uma "restauração" que almeje apagar indiscriminadamente quaisquer marcas deixadas pelo tempo), é de grande brutalidade e uma ameaça constante à necessidade humana de relacionar-se com o próprio passado, com as diversas lembranças que são *componente ativa* do momento que se vive no presente. Escreve o autor a propósito:

A mania, afirmada hoje, de reconduzir o lugar a sua origem é uma *hýbris* que faz parte do pensamento de onipotência implícito na tecnologia moderna. Pensar que se possa cancelar o tempo, que, ao invés de ser uma qualidade de lugares e pessoas, seja um incômodo causado por acaso e se possa eliminar. Mas o tempo gera as recordações, move as cordas do nosso ser, levando-nos àquilo que não é mais. (Perigalli, 2010, p. 18)

Lampedusa, movido pela nostalgia (e pela aguda consciência de ser o último representante da linhagem gattopardo, a quem caberia preservar uma tradição familiar e de classe na forma de escrita), volta ao que não existe mais em seus *Ricordi d'Infanzia*. E, para ele, voltar à infância significa, acima de qualquer outra coisa, voltar às casas nas quais ela transcorreu: "Antes de tudo a nossa casa [palazzo Lampedusa]. Amava-a com abandono absoluto. E a amo ainda agora quando ela há doze anos já não é mais que uma recordação" (Tomasi di Lampedusa, 2015, p. 34). As descrições que faz da casa são excepcionais, demonstrando uma grande capacidade de entender a alma do lugar – ou, se se prefere, de *animá-lo* – e de dar asas à imaginação a partir da observação aguda dos seus detalhes materiais. Veja-se como entrelaça simples manchas de umidade a formas fantasiosas, como um menino a contemplar nuvens: "(...) jamais manchas de umidade nos muros externos de quintais apresentaram formas mais inspiradoras de fantasia do que aquelas da minha casa". Em verdade, a casa toda é percebida pela criança como "um mundo pleno de gentis mistérios, de surpresas sempre renovadas e sempre ternas" (Tomasi di Lampedusa, 2015, p. 35).

Em suas recordações, o escritor dá prova de uma habilidade notável no que se refere às percepções dos ambientes e de seus valores simbólicos. Nada escapa ao olho atento do garoto, inclusive as mais sutis modulações da luz que invade os cômodos. Essa mesma habilidade renderá páginas de incomparável plasticidade visual em seu romance. À parte o talento eminentemente literário de encontrar as palavras certas para criar imagens de grande impacto estético relativas à materialidade de casa e de objetos, cumpre assinalar que o agudo senso de observação foi sendo apurado desde cedo na solidão e silêncio do enorme palazzo: "Não sei se consegui até aqui dar a ideia de que era um garoto a quem agradava a solidão, que gostava de estar mais com as coisas do que com as pessoas" (Tomasi di Lampedusa, 2015, p. 49). Observação atenta e muita imaginação infantil.

Vale a pena destacar a descrição da sala de baile (como se sabe, a sala de baile também comparece no *Gattopardo* e alcança materialização cenográfica requintadíssima no filme de Visconti):

> E a sala de baile com os pisos a esmalte e os tetos sobre o quais deliciosas garatujas ouro e amarelo emolduram cenas mitológicas nas quais com rústica força e grandes esvoaçamentos de drapejos se apinham todos os deuses do Olimpo.

Na sequência da sala de baile vem o *boudoir* da mãe, cuja decoração do teto o levará a pensar em... Mozart!: "E depois o *boudoir* de minha mãe que era muito belo com seu teto todo de flores e ramos de estuque de cores antigas, de um desenho suave e encorpado como uma música mozartiana" (Tomasi di Lampedusa, 2015, p. 42).

Frequente nele é a percepção da luz Siciliana em suas mais diversas incidências e gradações. Adiante veremos como também o príncipe de Salina está sempre atento à luz que invade o seu reino. Leia-se:

> especialmente no verão, os salões eram escuros mas das persianas fechadas filtrava-se a sensação da potência luminosa que estava lá fora, tão outra, dependendo da hora, que um só raio penetrava direito e bem delineado como aqueles do Sinai, povoado de miríades de grãozinhos de pó, e andava a excitar a cor dos tapetes que era uniformemente vermelho rubi em todos os cômodos. *Um verdadeiro sortilégio de iluminações e de cores que me encantaram a alma para sempre*. De vez em quando em algum velho *palazzo* ou em alguma igreja reencontro esta qualidade luminosa. (Tomasi di Lampedusa, 2015, p. 41-42; grifo nosso)

Páginas adiante, tocando em outro assunto, dirá que "como sempre as minhas recordações longínquas são em especial modo *recordações de 'luzes'*: em Sciacca vejo um mar azulzíssimo, quase negro, que cintila furiosamente sob o sol meridiano, um daqueles céus do pleno verão siciliano..." (Tomasi di Lampedusa, 2015, p. 71; grifo nosso). Essas recordações do passado, que, muitas vezes, são detonadas pela qualidade luminosa de ambientes fechados e paisagens sicilianas, merecem aqui um breve parêntese antes de prosseguirmos (lembrando, mais uma vez, que em *Il Gattopardo*, como veremos, Lampedusa recorrerá diversas vezes, por meio de seu protagonista, a caracterizações da luz em lugares específicos). Roberto Perigalli (2010, p. 27) observa que o "sentir-se em casa" é, muitas vezes, apreendido subjetivamente pelo jogo entre luz e sombra que cai sobre os nossos pertences íntimos: "o efeito de penumbra, aquela zona intermediária entre o escuro e a luz em que pouco a pouco se formam, como imersos na névoa, os contornos das coisas, dos objetos a nós familiares".

Segundo Perigalli, que, além de filósofo, é arquiteto profissional, é justamente esse "efeito de penumbra" que se procura eliminar nas edificações contemporâneas. A arquitetura é visceralmente ligada à luz de um lugar, devendo favorecê-la conforme a especificidade irredutível do ambiente: mas o que impera hoje é uma espécie de "reino do *spot*", a utilização de uma luz de intensidade forte e cegante, que elimina toda e qualquer sombra e, por fim, conduz a uma homogeneização de todos os lugares:

> Nas casas, nas lojas, nos museus, nos hospitais, a intensidade é a mesma. Em uma luz semelhante as coisas, ao invés de se darem a ver melhor, tonam-se indiferentes [...] Passa-se de um lugar a outro sem se perceber, porque têm as mesmas características e a mesma luz. Um negócio de barbearia e outro de sapatos são o mesmo. Os vultos das pessoas, as casas, os muros, a coisas se alienam em um padrão comum, do qual o elemento humano é excluído. A luz não tem mais sombra. (Perigalli, 2010, p. 52-53)

Assim como se procura contemporaneamente eliminar o "pó" (ou seja, o direito de pessoas e coisas envelhecerem em paz...) também se busca cancelar as zonas de sombra, que não são menos importantes para a percepção das coisas do que a incidência direta da luz:

> A sombra, como o pó, é nosso fundo escondido. Quer-se cancelá-la. Deve ser um eterno meio-dia. Assim se elimina a 'carnalidade do lugar', seu erotismo sutil, a sua terrestre caducidade. É uma luz homogênea, na qual as coisas, ao invés de serem vistas como acontece quando se entra num quarto em penumbra e pouco a pouco se reconhece os objetos, aparecem em sua suposta neutralidade. Agora que se vê

tudo não há mais nada para ver. Os lugares tornaram-se anônimos. (Perigalli, 2010, p. 52)

As reflexões de Perigalli, que jamais dispensam a imaginação poética, caem como uma luva para a compreensão da obra de Giuseppe Tomasi di Lampedusa, tão centrada que é na nostalgia da "casa". O escritor a recorda, obviamente, a partir de sua perspectiva de classe, de um príncipe que lamenta a perda do palazzo aristocrático. Nem por isso deixa de existir aqui, *a despeito de qualquer intencionalidade autoral*, uma forte – e, sobretudo, de pungente atualidade – crítica à despersonalização das moradias, um processo que a engenharia civil e a arquitetura só fizeram corroborar e acelerar ao longo dos anos, com as exceções de praxe. Pense-se nas nossas terríveis "cidades-satélite", "cidades-dormitório", e em tantas periferias nas grandes cidades, nas quais as pessoas são literalmente encarceradas em casas-caixotes ("apartamento"/"apertamento", num modo de dizer bem popular) e ali devem passar as noites somente para no dia seguinte voltar ao trabalho. São moradias sem conforto, avessas às possibilidades de invenção da intimidade e da criação de laços afetivos com o ambiente, resistentes a ações pessoais de diversificação material: são homogeneizadas, desde logo, a partir da compressão do espaço e da fealdade onipresente. Por todo lado, a megalomania arquitetônica causa estragos, mas é, sem dúvida, aos mais desfavorecidos economicamente que cabe pagar o preço mais alto pela destruição atual do sentido de moradia – da casa como lugar de bem-estar e de vida íntima e irredutivelmente singular.

"Estar em casa. Sentir-se em casa, em um lugar familiar, onde cada objeto, amado ou odiado, era conhecido, de uma cadeira à quina de uma mesa, à rachadura de um muro, à marca de umidade no teto" (Perigalli, 2010, p. 30). Esse sentimento reconfortante de "sentir-se em casa" tem sofrido diversos ataques pelas intervenções arrogantes da tecnologia moderna, em suas ramificações da construção civil. Nessa perspectiva, conclui Perigalli (2010, p.

66): "Vive-se em um mundo que não nos pertence mais, em que não se há mais recordações, em que não se encontra mais a 'casa'".

Feita essa breve digressão, retornemos a Lampedusa e a suas casas revividas na memória e no coração. Depois do palazzo em Palermo, aborda a segunda casa amada, Santa Margherita, onde a família passava os verões e às vezes também alguns meses de inverno. Já a viagem para alcançá-la era uma grande aventura para o menino. Uma parte dela se fazia de trem cortando a paisagem siciliana: "Durante horas atravessava-se a paisagem bela e triste da Sicília Ocidental (...) a linha costeava o mar, os trilhos pareciam pousados sobre a areia, o sol já ardente nos cozinhava na nossa lata de ferro" (Tomasi di Lampedusa, 2015, p. 44). Outra parte era feita em viatura puxada a cavalo. Quando se chegava, enfim, depois de 12 horas de viagem a família era recepcionada pela banda municipal que tocava uma polca... "Enfeados, com os cílios brancos de pó e a garganta seca, nos esforçávamos para sorrir e agradecer" (Tomasi di Lampedusa, 2015, p. 46).

Enfim, a casa... ele a descreve como uma Pompéia que tivesse passado ilesa a toda catástrofe:

> Como se vê, a casa de S. Margherita era como uma espécie de Pompéia do Setecentos em que tudo fosse miraculosamente conservado intacto; coisa rara sempre mas quase única na Sicília que por pobreza e incúria é a região mais destruidora que possa existir. (Tomasi di Lampedusa, 2015, p. 62)

Nas dependências da casa, cuja construção data de 1680, sendo amplamente refeita em 1810 por um ancestral do ramo materno da família do escritor – e que possuía nada menos que 300 cômodos! – o menino se movia "como em um bosque encantado" (Tomasi di Lampedusa, 2015, p. 49). Esse sentimento de encantamento, que remete aos contos fabulosos, é reiteradamente afirmado pelo memorialista. A casa se revela um espaço a ser explorado em profundidade e sempre pródiga em surpresas: "Jardim, disse, pleno de surpresas. Mas toda S. Margherita o era: nunca mais vi uma casa como aquela: plena de armadilhas alegres" (Tomasi di Lampedusa, 2015, p. 55). A sala de baile lembrava aquela da casa de Palermo – durante as noites, o menino, sentado ao lado dos pais, próximo à lareira e à luz bruxuleante de lampiões a petróleo, sentia-se "estar fechado em um porta-joias de fada" (Tomasi di Lampedusa, 2015, p. 50).

Já se disse do prazer na solidão e da alegria de estar junto às coisas professadas pelo menino. Lampedusa insiste nesse ponto e nos presenteia com esta bela imagem que sintetiza a curiosidade alerta e a capacidade de maravilhamento que são privilégios da infância:

> Mas em Santa Margherita a aventura para um menino não se restringia somente nos cômodos desconhecidos e nos meandros do jardim, mas também nos muitos objetos singulares. Pensem somente que fonte de maravilha pode ser o centro de mesa! Mas havia também a 'boîte a musique' descoberta em uma gaveta, um grande objeto mecânico e de relojoaria... (Tomasi di Lampedusa, 2015, p. 63)

Já na introdução aos *Ricordi* o autor, recorrendo já aí ao campo semântico dos contos de fada, não hesita em classificar sua infância de filho único de pais ricos como um "paraíso perdido". Compara sua situação com a descrita por Stendhal em seu romance autobiográfico *Vida de Henry Brulard* e vê vantagem certa: "Ele [Stendhal] interpreta a sua infância como um tempo em que sofreu tirania e prepotência. Para mim a infância é um paraíso perdido; todos eram bons comigo, *eu era o Rei da casa*" (Tomasi di Lampedusa, 2015, p. 26, grifo nosso).

Nessas recordações há um nó que une de forma inextricável a casa e a infância. Se nos lembrarmos das páginas clássicas de Bachelard (2005, p. 28), justamente sobre a casa, torna-se bastante clara a função que o espaço exerce em relação ao tempo e às lembranças: "Por vezes acreditamos conhecer-nos no tempo, ao passo que se conhece apenas uma série de fixações nos espaços da estabilidade do ser (...) Em seus mil alvéolos, o espaço retém o tempo. É essa a função do espaço". De forma ainda mais clara e lapidar: "Logicamente, é graças à casa que um grande número de nossas lembranças estão guardadas" (Bachelard, 2005, p. 27).

Ainda segundo Bachelard (2005, p. 34), a casa natal é um "centro de sonhos" e a ela temos acesso por meio de um "misto funcional de imaginação e memória". Vale dizer, jamais recuperamos uma imagem da casa tal qual ela de fato foi, mas sim uma imagem revivida através do devaneio, o que a torna imperecível dentro de nós. "Evocando as lembranças da casa, adicionamos valores de sonho. Nunca somos verdadeiros historiadores; somos sempre um pouco poetas, e nossa emoção talvez não expresse mais que a poesia perdida" (Bachelard, 2005, p. 26). Como tais observações vêm ao encontro das recordações de nosso escritor, a que não faltam sequer as referências ao elemento maravilhoso dos contos de fadas! A infância rememorada, claro está, vai muito além de qualquer realismo prosaico: "A infância é certamente maior que a realidade. Para experimentar, através de nossa vida, o apego que sentimos pela casa natal, o sonho é mais poderoso que os pensamentos" (Bachelard, 2005, p. 35).

Por fim, um último ponto que gostaríamos de comentar sobre os *Ricordi* antes de passarmos ao romance *Il Gattopardo*. Logo após a declaração de amor à casa natal – "amava-a com abandono absoluto" – Lampedusa (2015, p. 34) esclarece (levando em conta que as casas da infância foram perdidas): "Todas as outras casas (poucas de resto, à parte os hotéis) foram tetos que serviram para me proteger da chuva e do sol, mas não CASAS no sentido arcaico e venerável da palavra". Que significa a casa em seu sentido arcaico? Vale a pena desdobrar um pouco esse aspecto, pois, sabe-se, a casa, enquanto "espaço vivido", é imaginado primordialmente como lugar de bem-estar, um *espaço feliz*, no dizer de Bachelard.

James Hillman, em debate com o escritor e arquiteto italiano Carlo Truppi, fala do arquétipo do fogo como uma potência que reclama em torno de si um lugar estruturado. É em torno do *focolare*,[1] o lugar onde se acende o fogo, que os antigos gregos construíam sua casa. Hillman reporta-se às mitologias grega e romana para falar da deusa grega Héstia (que corresponde para os romanos à deusa Vesta):[2]

> Era o *focolare* que emitia calor ardente: a sua imagem, o seu lugar, a sua personificação. *Focolare* em latim é *focus*, que se pode traduzir em linguagem psicológica como 'atenção que se coloca no centro da existência e traz de volta à vida aquilo que é iluminado pelo seu feixe de luz'. Isso é Héstia. Ovídio fala de Vesta como 'nada além de um fogo vivo'. O seu nome provavelmente deriva do indoeuropeu *vas*, habitar. Uma ulterior derivação é: da raiz, da essência. Em breve, Hestia é somente 'in' e, como a consciência mesma, não é um objeto visível, mas um fogo vivificante, a essência da alma que habita toda coisa [...] Héstia não participa das guerras, dos rancores ou das incompreensões entre deuses e mortais. Sem Héstia, não pode haver casa, casa psíquica, que oferece muros protetores. (Hillman, 2004, p. 23)

Focolare, focus, foco: a casa atrai, com energia psíquica de força centrípeta, portanto, puxando-nos para *dentro*, envolvendo-nos como um útero protetor. Com efeito, a imagem da casa pressupõe sempre um *in* e um *out*, um dentro e um fora, de cuja oposição

---

1. A palavra italiana *focolare* significa "lareira", mas também "casa", "família", "lar". Por exemplo, na frase: *dopo una giornata di lavoro torna volentieri al focolare domestico* (depois de um dia de trabalho volta com prazer ao lar). Em português, vale notar que a palavra "lar" está contida em "lareira".
2. O dicionário de mitologia latina de Spalding (1993, p. 148-149) esclarece a propósito dessa deusa: "Esta divindade, cujo culto data da época ariana, personifica o fogão doméstico, o fogo eterno, o culto ao lar [...] quando o helenismo penetrou em Roma, começaram a fazer imagens da deusa Vesta. Representavam-na vestida com longo manto, com a cabeça velada, tendo na mão direita um archote ou uma lâmpada. O culto da deusa consistia, essencialmente, em manter aceso o fogo sagrado".

irredutível a casa por assim dizer retira sua seiva, sua força simbólica. É o que esclarece James Hillman (2004, p. 30):

> Construindo uma casa como reparo daquilo que resulta estranho, que faz medo, construindo um *dentro* oposto ao *fora*. Construindo um 'coração', uma Vesta, uma Héstia, um lugar onde a consciência se possa recolher. Usei a palavra reunir-se: pessoas, coisas e animais e espíritos se reúnem em torno do fogo. Héstia os atrai a si com a sua luz tremulante, no meio.

Pode-se dizer que, para o escritor Lampedusa, a casa oferece reparo contra a perda de identidade familiar e a ela recorre-se também, na medida do possível, como refúgio das tempestades da História. É o caso exemplar de *Il Gattopardo*, que passaremos a analisar em seguida. Não por acaso, as janelas, essas sutis membranas que ligam o interior ao exterior, que filtram a entrada da luz (cuja radiação é um assunto dileto de Lampedusa, como vimos) é sempre invocada nos textos do nosso autor. E, se pensamos na adaptação cinematográfica do romance realizada por Visconti (matéria de nosso segundo capítulo), bem a propósito recordamos da cena inicial: vemos pela primeira vez o palazzo, as janelas, o vento que balança as cortinas e vai encontrar a família reunida, sob o comando do Príncipe, rezando o *Te Deum*. Em seguida, um mensageiro que entra e traz a notícia sobre o desembarque dos rebeldes chefiados por Garibaldi. O tempo histórico irrompe e ameaça de morte a Casa aristocrática, onde o menino Lampedusa foi Rei e o príncipe de Salina vive os derradeiros momentos de um gattopardo prestes a ser substituído pelos burgueses, os chacais novos-ricos.

Il Gattopardo

Logo nas primeiras páginas do romance temos uma descrição do teto do palazzo do príncipe, descrição essa carregada de valor simbólico:

> No afresco do teto despertavam as divindades. As fileiras de Tritões e de Dríades que dos montes e dos mares entre nuvens lilases e de cor framboesa se precipitavam em direção a uma transfigurada Conca d'Oro para exaltar a glória da casa Salina, mostraram-se de repente plenos de tanto entusiasmo a ponto de descuidarem das mais simples regras de perspectiva; e os Deuses maiores, os Príncipes entre os Deuses, Júpiter fulgurante, Marte carrancudo, Vênus lânguida, que tinham precedido a turba dos menores, sustentavam de bom grado o brasão azul do Gattopardo. (Tomasi di Lampedusa, 2014, p. 31-32)[3]

A descrição desse "Olimpo palermitano" aponta para um desejo da classe senhorial: como os deuses gregos, os nobres sicilianos aspiram à eternidade. Lampedusa, como é recorrente, *captura o sentimento através de sua incorporação no objeto material*, o qual descreve sempre com grande maestria a fim de explorar suas possibilidades estéticas e impacto visual. Produz, assim, imagens do mundo de grande plasticidade e de profundidade simbólica, que requerem, por seu turno, interpretação acurada. Outra passagem, similar e, a nosso ver, realmente notável, é o episódio da fonte de Anfitrite no jardim do amado palazzo de Donnafugata (inspirado no palazzo de Santa Margherita, como já vimos na primeira parte deste capítulo).

Vejamos a cena:

---

3. Conca D'Oro, Concha de Ouro, que aparece na citação, refere-se à baía de Palermo, aqui visitada pelos deuses do Olimpo. Citaremos o romance a partir do original italiano e sempre com tradução nossa. Existe, porém, à disposição do leitor brasileiro uma boa tradução realizada por Marina Colasanti (Tomasi di Lampedusa, 2000).

> Depois de uma hora despertou e desceu refrescado para o jardim [...] A aleia principal descia lenta entre altas cercas de loureiro que emolduravam anônimos bustos de deusas sem nariz; e ao longe ouvia-se a doce chuva dos jorros que recaiam na fonte de Anfitrite. Para ali se dirigiu, célere, ávido de rever. Soprada para fora dos búzios dos Tritões, das conchas das Náiades, dos narizes de monstros marinhos, as águas irrompiam em filamentos sutis, batiam com pungente burburinho na superfície esverdeada da bacia, suscitavam ricochetes, bolhas, espumas, ondulações, frêmitos, redemoinhos alegres; *da inteira fonte, das águas tépidas, das pedras revestidas de musgos veludosos emanava a promessa de um prazer que jamais poderia converter-se em dor*. (Tomasi di Lampedusa, 2014, p. 87, grifo nosso)

O príncipe de Salina encontra-se aqui em sua casa, no jardim de Donnafugata, onde costumava passar três meses do ano. Deixara para trás a agitada Palermo, convulsionada pela agitação política desde o desembarque de Garibaldi com seus voluntários (pouco mais de mil homens) de camisas vermelhas em Marsala, e que viriam, posteriormente, a ocupar a capital da Sicília em 30 de maio de 1860. Cumpre lembrar que a narrativa se inicia precisamente em maio de 1860, sabidamente um mês chave para o movimento do *Risorgimento*, que levaria à unificação italiana e ao fim da antiga casta dos aristocratas, da qual faz parte a personagem. Assim, após longa viagem de três dias, Don Fabrizio, príncipe de Salina, chega a Donnafugata e sente imenso alívio e alegria:

> Jamais tinha ficado tão contente de ir passar três meses em Donnafugata, como estava agora neste fim de agosto de 1860. Não somente porque de Donnafugata amasse a casa, a gente, a sensação de posse feudal que nela havia sobrevivido... (Tomasi di Lampedusa, 2014, p. 72)

Notoriamente, a casa é o refúgio em face do furacão histórico (a casa como proteção do mundo exterior em sentido amplo) e é nela – mais precisamente, *somente nela* – que o Príncipe se sente em alguma medida seguro. Os sinais de mudança e da decadência de sua classe estão por toda parte, mas, como bem o diz, na casa ainda sobrevive a asseguradora "sensação de posse feudal". Na casa, nos seus objetos, enfim, nesse mundo familiar que é como um último ponto de apoio num contexto de mudanças sociais e políticas bruscas.

Voltando ao episódio da fonte de Anfitrite, por conseguinte, é fundamental que se destaque que a "promessa de prazer" *jorra dela, isto é, está encarnada no objeto material, na "inteira fonte"*. Imagens que entrelaçam matéria e sentimento são recorrentes e a elas dedicaremos nossa atenção crítica. Pode-se dizer que o vendaval garibaldino, com suas consequências (salientando-se a derrocada da velha classe senhorial e a ascensão dos burgueses), compõe o pano de fundo do romance e lhe confere consistência histórica. A Itália unificada que vai surgindo varre do mapa a velha aristocracia. Observe-se que, já no primeiro capítulo, faz-se referência a um soldado que morreu lutando contra os rebeldes e cujo cadáver foi encontrado debaixo de um pé de limão no jardim do palazzo palermitano do Príncipe. Podemos afirmar que o cheiro de decomposição, de morte, que está ali no início da narrativa, contamina depois todo o restante do romance, percorre-o de ponta a ponta com roupagens imagéticas diversas.

Não é do interesse deste ensaio tratar do *Risorgimento* e do tema da decadência da aristocracia diretamente, entenda-se, mediante uma abordagem de cunho histórico ou sociológico, mas sim buscar os seus reflexos, os sinais de morte que vai aspergindo, nas imagens literárias materializadas pelo escritor, não raro ligadas ao universo da casa e dos seus objetos. Bem a propósito, pode-se pensar nas duas imagens citadas – a do afresco do teto do palazzo e a da fonte do jardim – como contrapontos ou *imagens de resistência* às mudanças históricas, ao descenso anunciado da velha aristocracia. A descrição do teto, com sua conotação de eternidade, e a fonte de Anfitrite, que diz de uma promessa de prazer que jamais se transformaria em sofrimento, revelar-se-iam, por fim, imagens de ilusão tanto para a personagem como para o próprio autor. O príncipe de Salina morrerá consciente de ser o último representante da linhagem aristocrática, e o trajeto de Giuseppe Tomasi di Lampedusa estaria marcado, a ferro e fogo, pela destruição das casas amadas – a "eternidade", pois, é sonho vão.

A pretendida atenção à casa justifica-se, por outro lado, pela sua presença massiva no corpo do romance. Ela deve ser compreendida como uma personagem central de toda a trama. No mais completo estudo já realizado do romance, *L'Intimità e la Storia* (*A Intimidade e a História*), Francesco Orlando nota que o príncipe de Salina é rigorosamente um *pater familias* e que nada menos que *dois terços do romance* o "mostram em família ou dentro de sua villa ou feudo". O papel de patriarca, de chefe da família, garante-lhe de imediato uma autoridade que, do lado de fora, encontra-se ameaçada pelos novos rumos da História italiana (ao que se poderia acrescentar a perda progressiva de patrimônio da família). Esse tipo de automatismo de autoridade "resulta de resto menos assegurado logo que ele se distancia do âmbito familiar" (Orlando, 1998, p. 51-52). Assim sendo, para o príncipe – ou melhor, para a economia narrativa em pauta –, trata-se sempre – e para usar aqui os termos de Orlando – de capturar os movimentos da História na esfera da intimidade.

E aqui temos outro ponto-chave: *Il Gattopardo* é um romance em grande medida decorrente da história familiar do próprio Lampedusa, isto é, uma narrativa nutrida pelas memórias pessoais do autor. Numa famosa carta escrita ao amigo Enrico Merlo e datada de 30 de maio de 1957 (pouco antes, portanto, do falecimento do escritor em 23 de julho de 1957), ele faz revelações acerca das fontes que lhe inspiraram personagens e ambientes do romance (que só sairia publicado postumamente). Seguem alguns trechos desse importante documento:

> Caro Enrico,
> no envelope de couro encontrará o datiloscrito do *Gattopardo* [...]

Parece-me que apresenta um certo interesse porque mostra um nobre siciliano em um momento de crise (da qual não se diz que seja somente aquela de 1860), como ele reage a ela e como vai acentuando-se o decaimento da família até o quase total desfazimento; *tudo isso porém visto de dentro*, com uma certa coparticipação do autor [...]
É supérfluo dizer-te que o 'príncipe de Salina' é o príncipe de Lampedusa, Giulio Fabrizio, meu bisavô; cada coisa é real: a estatura, a matemática, a falsa violência, o ceticismo, a mulher, a mãe alemã, a recusa de ser senador. Padre Pirrone é também ele autêntico mesmo no nome. Creio ter feito ambos mais inteligentes do que eram de fato [...].
Donnafugata como lugar é Palma; como palazzo é Santa Margherita [...].
A Sicília é aquela que é; de 1860, de antes e de sempre. (Tomasi di Lampedusa, 2014, p. 9; grifo nosso)

Trata-se de uma visão da decadência da aristocracia siciliana apresentada por um de seus últimos representantes; tudo "visto de dentro" pelos olhos de quem – tal como o protagonista do romance, Don Fabrizio – sabe que o "significado de uma linhagem nobre" se encontra, todo ele, nas tradições, significado acessível apenas àquele, pois, que possui dentro de si "recordações vitais" (Tomasi di Lampedusa, 2014, p. 241). E, para Lampedusa (2007, p. 68), as "recordações vitais" estão, acima de tudo, relacionadas às casas da infância, "microcosmo de afetos do qual não quereria jamais evadir-se", compreendendo-se que "o sentido da existência se restringe ao círculo mágico das residências frequentadas na infância".

Para quem leu os *Ricordi d'Infanzia* e *Il Gattopardo*, não passarão decerto desapercebidas as inúmeras coincidências na descrição de casas, decoração de interiores, móveis ou da paisagem siciliana, existindo mesmo passagens praticamente idênticas no registro de memórias e na ficção, como, por exemplo, a descrição da viagem de Palermo a Santa Margherita / Donnafugata, com a bela evocação das sensações do calor siciliano e da paisagem desolada e árida, salpicada aqui e acolá por manchas de miséria camponesa, até a chegada dos membros da família, cansados e cobertos de poeira branca, sendo então recepcionados de imediato por uma banda de música (no próximo capítulo veremos como Visconti soube tirar proveito dessas descrições em seu filme, sobretudo da referida poeira branca, que também para ele reverberava recordações de infância).

Posto isso, podemos adentrar as casas do príncipe de Salina. Em primeiro lugar, cumpre destacar o brasão da família com a figura do gattopardo, o leopardo rampante. Como vimos, o brasão aparece logo na descrição do afresco no teto do palazzo, sustentado ali, prazerosamente, pelos deuses da mitologia grega. A figura do gattopardo está por toda parte, na fachada dos palazzi do príncipe, no frontispício da Igreja anexa à casa em Donnafugata, encimando fontes, nos azulejos, na tampa de uma enorme sopeira sobre a mesa de jantar... É, pois, um símbolo cultural[4] de enorme pregnância e, certamente, o de maior irradiação psicológica de todo o romance, afetando todas as personagens de uma maneira ou outra.

O gattopardo se impõe como um evidente símbolo de força tanto de um indivíduo, Don Fabrizio, quanto de sua família e da classe social correspondente. O ensaísta italiano Mario Praz, em seu notável livro *La Filosofia dell' Arredamento* (*A Filosofia da Decoração*), tece importantes considerações sobre formas antropomórficas e teriomórficas (ou zoomórficas) empregadas em móveis e

---

4. Valemo-nos aqui do conceito de "símbolo cultural" conforme proposto por Carl Gustav Jung (2016, p. 117). Diferentemente dos "símbolos naturais", que seriam "variações das imagens arquetípicas essenciais" com origens que remontam às sociedades arcaicas e primitivas, os símbolos culturais "são aqueles que foram empregados para expressar 'verdades eternas' e que ainda são utilizados em muitas religiões. Passaram por inúmeras transformações e mesmo por um longo processo de elaboração mais ou menos inconsciente, tornando-se assim imagens coletivas aceitas pelas sociedades civilizadas. Esses símbolos culturais guardam, no entanto, muito de sua numinosidade ou 'magia' original. Sabe-se que podem evocar reações emotivas profundas em algumas pessoas, e esta carga psíquica os faz funcionar um pouco como os preconceitos".

na decoração de ambientes internos. Segundo esse autor, os objetos possuem uma inaudita capacidade de "exprimir o seu proprietário" e o ambiente é algo mais que um simples "espelho da alma", sendo mais propriamente um "potenciamento da alma", "um museu da alma, um arquivo de suas experiências". A casa, pois, é entendida por ele como "uma projeção do eu" (Praz, 2012, p. 20-22). Dentro da casa estão os objetos e a sua função simbólica:

> [...] o ambiente termina por tornar-se um molde da alma, o invólucro sem o qual a alma se sentiria como um caracol privado de sua concha. As formas antropomórficas e teriomórficas tão frequentes nos móveis não são senão índices e protomemória de sua participação na vida do homem: a antiquíssima pata de leão conserva ainda algum vestígio do primitivo sentido sagrado que era de transfundir a sua virtude, a sua força, na pessoa que se sentava sobre a cadeira assim sustentada; porque o sentido último de uma harmoniosa decoração é sim o de refletir o homem, mas de refleti-lo em sua essência ideal: é uma exaltação do eu. (Praz, 2012, p. 22-23)

Imaginariamente, a força do leopardo passa da representação imagética para aquele que a contempla (e a compreende) no romance; e ninguém pode compreender o secular brasão da família mais que Don Fabrizio, o gattopardo por excelência. Que um tal símbolo cultural preserve, como diz Jung, muito de sua "numinosidade ou magia original" somente afirma o caráter tonificante, por assim dizer, que o símbolo felino apresenta para um nobre empobrecido e de prestígio declinante, e sem lugar social na nova Itália em vias de constituição. Ele realmente carece de uma "exaltação do eu". E, em determinados momentos, sente-se propriamente um poderoso leopardo, como nesse em que o vemos movendo-se dentro de sua casa ao encontro de sua visita, Don Calogero, o burguês arrivista: "Atravessando os dois aposentos que antecediam o estúdio iludiu-se de ser um Gattopardo imponente de pelo liso e perfumado que se preparasse para dilacerar um chacalzinho amedrontado (...)" (Tomasi di Lampedusa, 2014, p. 132). Pura ilusão, certamente, pois caçador e caça estão aqui imaginariamente invertidos, e logo o próprio Don Fabrizio se dará conta de que a vez dos gattopardi, em verdade, havia passado e era hora de ceder a vez aos chacais, os novos donos do poder na Itália unificada.[5]

Os palazzi são descritos à exaustão no romance, mas também os jantares, o sabor e o cheiro dos alimentos, as roupas e os perfumes dos jardins e das mulheres... *Il Gattopardo* é uma sensível e agudíssima caixa de ressonância do mundo material ao redor. Gioacchino Lanza Tomasi (2007, p. 66-67) observa a respeito disso:

> Uma leitura da obra de Tomasi di Lampedusa poderia basear-se na rememoração, e rapidamente saltam diante de nós a memória de casas, objetos, paisagens [...] O seu universo é feito de objetos, de tecidos, de alimentos, repercorridos com intenso prazer sensorial [...] Lugares e coisas estão presentes a cada página, sobrepõem-se frequentemente aos próprios personagens, como se fossem eles e não os homens os motores da ação. Os homens, como as coisas, fazem parte da paisagem, estão inextricavelmente entrelaçados.

Do *Gattopardo* se poderia depreender uma concepção de memória humana não como "somatória de eventos, mas sim como caderneta das paixões que acompanharam a tomada de consciência do mundo externo" (Tomasi, 2007, p. 67). Se aproximamos essa reflexão sobre memória da já citada observação de Francesco Orlando sobre o príncipe comparecer no romance quase sempre em família e em suas casas, poderíamos, por conseguinte, avançar que os movimentos da História contemporânea são prioritariamente

---

5. Como chega a refletir enquanto conversa com Chevalley, representante do governo de Turim, que o convida para ocupar um cargo no Senado (convite ao qual termina por recusar): "Nós fomos os Gattopardi, os Leões; aqueles que nos substituirão serão os pequenos chacais, as hienas; e todos, Gattopardi, chacais e ovelhas, continuaremos a crer que somos o sal da terra" (Tomasi di Lampedusa, 2014, p. 185).

registrados nessa "caderneta das paixões" por meio de anotações sobre dados cotidianos, domésticos, aparentemente banais.[6]

Nessa perspectiva, por ocasião da visita de don Calogero a Donnafugata para apresentar a filha Angelica, futura esposa do sobrinho do príncipe de Salina, ocorre um fato realmente exemplar. Calogero tem dinheiro e poder, sua fortuna só faz aumentar, enquanto a do aristocrata só diminui. Por outro lado, ele é um tipo grosseiro, de uma "vulgaridade ignorante", alheio à boa educação, ao mundo do pensamento, às artes... enfim, alguém que só pensa em dinheiro e que ao príncipe chega a causar repulsa. Francesco Paolo, o filho adolescente do príncipe, informa ruidosamente a chegada do visitante: "Papai, don Calogero está subindo as escadas. Está de fraque!" Alguns riem do imprevisto. Segue-se a reação de Don Fabrizio:

> Não riu-se ao invés o Príncipe, ao qual, é lícito dizê-lo, a notícia fez um efeito maior do que aquele do comunicado do desembarque em Marsala. Aquele tinha sido um acontecimento não só previsto, como também distante e invisível. Agora, sensível como ele era aos presságios e aos símbolos, contemplava a Revolução mesma naquela gravatinha branca e naquelas duas caudas pretas que subiam as escadas de sua casa. (Tomasi di Lampedusa, 2014, p. 90)

Queremos destacar dois pontos importantes nessa passagem. Primeiramente, a notícia da chegada do burguês solenemente vestido tem um efeito mais pungente para o príncipe que o próprio

---

6. Não seria também esse, em certa medida, o caso de um escritor dileto de Lampedusa, Marcel Proust? Em *Proust. Frammenti di Immagini*, livro no qual percorre o universo imagético proustiano centrado nas descrições de interiores e objetos, Roberto Perigalli (2013, p. 7-8) observa: "*La Recherche* é um catálogo reflexivo do saber humano por fragmentos de imagens. Os eventos macroscópicos, como a vida, a morte, a guerra, a história, são vistos através do microscópio do tempo. É o canto do ser [...] O olho de Proust observa, procura decifrar a matéria do mundo, iluminando o infinitamente pequeno e transformando-o no espelho do ser. Olha dentro do abismo. Percorre caminhos não batidos, não assinalados no mapa da História. Está às margens dos eventos epocais, mas os registra com precisão".

desembarque de Garibaldi e seus homens em Marsala! Em segundo lugar, homem "sensível aos presságios e aos símbolos", o príncipe enxerga no dado concreto do fraque o significado profundo da revolução em curso. É na figura do burguês de fraque que ele vê o destino melancólico de sua classe, fadada ao desaparecimento gradativo e inexorável, em vias de substituição pelos novos-ricos que daí por diante deterão o poder econômico e político, ao passo que o acontecimento garibaldino lhe parece algo "distante e invisível". A visibilidade da revolução está espelhada no objeto material, no caso, no fraque que lhe entra casa – e goela – adentro.[7] O único consolo que restará ao príncipe será notar que o fraque de don Calogero, embora possa expressar muito bem a transformação política do momento, não deixará de ser, do ponto de vista da alfaiataria e da elegância, um verdadeiro "desastre".

Don Fabrizio é homem "sensível a presságios e símbolos" (qualidade que, sem dúvida, pode ser atribuída também a seu criador), o que faz dele um grande "leitor" dos acontecimentos conforme eles se manifestem no mundo material, como temos visto. Mas há aqui também um componente de classe, isto é, que aponta para além de uma sensibilidade individual. Padre Pirrone, que sempre acompanha a família do príncipe, uma espécie de conselheiro espiritual, de uma fidelidade canina à família Salina, preocupado, enquanto jesuíta, com o avanço dos garibaldinos e com o destino da Igreja católica na nova Itália que se vai desenhando, tem sua concepção própria do que é a aristocracia. Perguntado por um amigo, don Pietrino, sobre a opinião do príncipe acerca dos eventos políticos recentes, sai-se com esta resposta, que é um agudo arrazoado sobre as características da velha classe senhorial:

---

7. Com orientação ideológica diversa da de Lampedusa, Luchino Visconti, em seu filme, dará maior visibilidade à "Revolução mesma". Se, no romance, ela permanecerá sempre "distante e invisível", na obra cinematográfica ela ganhará face visível e sonora em verdadeiras batalhas campais nas ruas das cidades sicilianas.

> Veja, dom Pietrino, os 'senhores', como o senhor diz, não são fáceis de compreender. Eles vivem em um universo particular que foi criado não diretamente por Deus mas por eles mesmos durante séculos de experiências especialíssimas, de ocupações e alegrias exclusivamente deles; possuem uma memória coletiva muito mais robusta e portanto se preocupam ou se alegram com coisas que a mim ou ao senhor não importam absolutamente nada, mas que para eles são vitais porque postas em relação com esse patrimônio de recordações, de esperanças, de temores de classe [...] vi Don Fabrizio se enraivecer, ele, homem sério e sábio, por causa de um colarinho de camisa mal passado; e sei com certeza que o príncipe de Làscari não dormiu de raiva uma noite inteira porque em um jantar na Intendência lhe deram um lugar errado [...] Embora não possa parecer, são menos egoístas que tantos outros: o esplendor de suas casas, a pompa de suas festas contêm em si um quê de impessoal, um pouco como a magnificência das igrejas e da liturgia [...] e quando tratam mal alguém, como acontece, não é tanto a sua personalidade que peca quanto a sua classe que se afirma.
> (Tomasi di Lampedusa, 2014, p. 194-196)

Além dessas características consoantes a um apego ferrenho a certos modos refinados de classe e às tradições familiares, padre Pirrone observa ainda que se trata de uma classe que sabe, como nenhuma outra, se perpetuar: "Uma classe difícil de suprimir porque no fundo se renova continuamente e porque quando é preciso sabe morrer bem, isto é, sabe lançar uma semente no momento do fim" (Tomasi di Lampedusa, 2014, p. 197). No caso do romance, é bem isso que ocorre. Tancredi, o sobrinho querido do príncipe, irá se casar com Angelica, a filha do burguês Sedàra. É de Tancredi a frase mais famosa do romance, conhecida por muitos que sequer leram a obra: "Se queremos que tudo permaneça como está, é preciso que tudo mude" (Tomasi di Lampedusa, 2014, p. 50). Tancredi Falconeri é um homem pragmático e procura explicar ao *zio* Fabrizio, por carta, como fazer para tomar a direção dos novos ventos sem deixar de aportar em solo seguro, onde certos privilégios de classe continuem preservados:

> Tancredi se abandonava a longas considerações sobre a oportunidade, ou melhor, a necessidade que uniões entre famílias como aquela dos Falconeri e aquela dos Sedàra (a certa altura chegava até a escrever atrevidamente 'casa Sedàra') fossem encorajadas pelo que trazem como contributo de sangue novo às velhas linhagens, e pela ação de nivelamento de classes, que era um dos objetivos do atual movimento político na Itália. (Tomasi di Lampedusa, 2014, p. 110)

Tancredi, aos poucos, procura introduzir Angelica, rica e bela, mas também um tanto vulgar, nos meandros do mundo aristocrático. A sua diferença de educação, por exemplo, em relação a Concetta, filha do Príncipe, que disputa com ela o amor de Tancredi, é um bom exemplo do choque entre classes. Aliás, os modos refinados e o apreço às questões intelectuais, à "vida do espírito" (não se deve esquecer que o príncipe de Salina também se dedica a estudos de Astronomia, tendo ganho uma medalha da Sorbonne por sua contribuição para a área) é talvez a mais forte *barreira* que se coloca na comunicação entre a velha e a nova classe. Os aristocratas se apegam a ela por orgulho próprio, uma vez que dinheiro não possuem mais em grande quantidade... assim, em jantar em Donnafugata, do qual participam Angelica e Tancredi, Concetta põe-se a reparar na falta de modos da belíssima, e, a seu ver, também grosseirona, concorrente:

> Todos estavam tranquilos e contentes. Todos, exceto Concetta [...] Tancredi estava sentado entre ela e Angelica e, com a incumbência precisa de quem se sente em culpa, dividia igualmente olhares, elogios e facécias entre as duas vizinhas; mas Concetta sentia, animalescamente sentia, a corrente de desejo que escorria do primo em direção à intrusa [...] Porque era mulher se agarrava aos detalhes: notava a graça vulgar do dedo mindinho direito de Angelica levantado para o alto enquanto a mão segurava o copo; notava uma pinta rosada sobre

a pele do colo; notava a tentativa reprimida a meio caminho de tirar com a mão um pedacinho de comida preso entre os dentes alvíssimos [...] esperava que Tancredi também os notasse e se desgostasse diante destes traços evidentes de diferença de educação. Mas Tancredi já os havia notado e, infelizmente, sem nenhum resultado. Deixava-se arrastar pelo estímulo físico que a fêmea belíssima provocava em sua juventude fogosa e também pela excitação, digamos, contábil que a moça rica suscitava em seu cérebro de homem ambicioso e pobre. (Tomasi di Lampedusa, 2014, p. 94)

Para Concetta, Angelica é a "intrusa", a nova-rica que entra à força no palazzo dos Salina para roubar o primo com quem almejava casar, uma mulher desprovida de educação. Mas, além de "fêmea belíssima", Angelica é "moça rica", como informa o narrador, e é isso que interessa, acima de tudo, ao jovem aristocrata empobrecido, porém, ambicioso. Depois de uma anedota contada por Tancredi em torno de um susto que ele e outros soldados rebeldes pregaram em algumas freiras, temerosas de assédio sexual, Angelica – mais uma vez nos informa o narrador em terceira pessoa –, "ria, mostrando todos os seus dentes de pequena loba" (Tomasi di Lampedusa, 2014, p. 95).[8]

---

8. Luchino Visconti enfatizará esse aspecto de "loba" ao solicitar à atriz Claudia Cardinale, que faz a Angélica na adaptação cinematográfica, um riso alto, prolongado e estridente, que fará os convivas aristocratas (inclusive Tancredi) ficarem em silêncio e pasmos à mesa. Enfatiza-se assim seu papel de "intrusa" que vem tomar seu lugar ao sol desde dentro, isto é, no seio mesmo da família nobre. A complexa figura de Angelica é objeto de um belo ensaio de Giulio Ferroni, que observa que a beleza e o fascínio erótico exercido pela personagem não se desprende também dos sentimentos de agressividade que desperta nos membros da família Salina, dada sua origem social, sua desenvoltura e desinibida segurança. Escondida em sua "fascinação erótica", não deixa nunca de pulsar, segundo esse autor, uma grande capacidade de adaptação – um verdadeiro e implícito princípio burguês – às novas exigências sociais que lhe aparecem ao consorciar-se com Tancredi. Aproximando-a de outra personagem lampedusiana, a sereia do conto "La Sirena" ("A Sereia") ou "Lighea", como também é conhecido (cf. Tomasi di Lampedusa, 2015, p. 111-146), Ferroni (1996, p. 222) sugere que a bela Angelica, tal qual a mitológica figura da sereia, seduz e, ao mesmo tempo, cobra um preço alto pela sua desejada companhia: "A mesma beleza de Angelica, de resto, com

Para o baile no palazzo Ponteleone, no qual Angelica mais uma vez seria apresentada ao mundo dos aristocratas, em sua exibição pública mais pomposa, Tancredi procurara "*educar*" a futura esposa de acordo com os padrões da velha nobreza, dizendo-lhe um dia antes do grande evento:

> Veja, querida, nós (e portanto também você, agora) estimamos nossas casas e nossa mobília mais do que qualquer outra coisa; nada nos ofende mais do que o descaso em relação a isso; portanto, olhe tudo e elogie tudo; de resto, o palazzo Ponteleone merece; mas porque não és mais uma provincianazinha que se surpreende com qualquer coisa, misture sempre uma certa reserva ao elogio; admire sim, mas sempre compare como algum arquétipo visto antes, e que seja ilustre. (Tomasi di Lampedusa, 2014, p. 217)

Ainda antes do baile, entretanto, em Donnafugata, Tancredi conduz Angelica pelo palazzo do tio, querendo que ela o conheça em detalhes: "Tancredi queria que Angelica conhecesse todo o palazzo em seu complexo inextricável de aposentos de hóspedes velhos e novos, apartamentos de representação, cozinhas, capelas, teatros". Esses passeios dos noivos pelo palazzo são descritos com grande vivacidade plástica e interessam-nos particularmente, pois têm o significado preciso de uma viagem ao desconhecido (embora tratando-se de uma viagem, por assim dizer, ao redor do próprio quarto), um *desvelamento* da história íntima e secreta da família Salina mediante um mergulho nas profundidades temporais e obscuras da casa:

> As excursões através do quase ilimitado edifício eram intermináveis; partia-se como em direção a uma terra ignota, e ignota era realmente porque em muitos daqueles apartamentos perdidos nem mesmo Don Fabrizio havia jamais posto os pés, o que aliás lhe causava uma pequena satisfação porque costumava dizer que um palazzo do qual se

---

toda sua *promesse de bonheur* que dela parece se desprender, é assinalada pela cegueira e autoengano".

conhecesse todos os cômodos não era digno de ser habitado. (Tomasi di Lampedusa, 2014, p. 159-160)

A *boutade* de Don Fabrizio nos faz lembrar Lampedusa quando se refere, em suas recordações de infância, aos seus passeios de menino pelo palazzo de Santa Margherita, que tinha 300 cômodos! Tancredi e Angelica prosseguem com suas excursões, batizando cômodos sem nome, sentindo-se "descobridores do Novo Mundo"; em um armário centenário, encontram objetos de suplício, como chicotinhos e chibatas com cabo de prata... Também encontram o chicote do "Duque-Santo", um Salina do século XVII que havia se recolhido em um aposento como num convento e, ali mesmo, se autoflagelava constantemente cumprindo seus atos de penitência... Comenta o narrador: "Tancredi teve medo, até de si mesmo, compreendeu que havia atingido o núcleo secreto, centro de irradiação das inquietudes carnais do palazzo" (Tomasi di Lampedusa, 2014, p. 163).

Isabela Pezzini comenta, a propósito desse trecho do romance, que no "centro irradiador convivem *eros* e *thanathos*". O que o casal apaixonado e sexualmente excitado realiza no palazzo é precisamente uma "viagem iniciática", que é também uma "viagem no tempo". Uma viagem que propicia o entrecruzamento do passado dos Salina (com seus antepassados católicos fanáticos), o presente em que vivem e o futuro na forma da projeção do casamento entre os noivos. Do ponto de vista da tradição familiar, pode-se dizer que a exploração intensiva do palazzo "reconstrói por acenos uma espécie de inconsciente coletivo dos Salina, reconstrói 'o significado de uma linhagem nobre' que, como dirá a si mesmo o Gattopardo agonizante, 'está todo nas tradições, nas recordações vitais'" (Pezzini, 1996, p. 37).

E aqui chegamos ao gattopardo em seu leito de morte. Também nessa ocasião, *thanatos* e *eros* estão reunidos. Chama-nos particularmente a atenção que Don Fabrizio, sentindo-se partir, consciente de que os grãozinhos de areia na ampulheta aproximavam-se do fim, evadindo-se de maneira leve mas sem interrupções – os "últimos instantes de tempo que evadiam-se da sua vida e o deixavam para sempre" –, ouvindo o som interior da "vida que prorrompia para fora dele", angustie-se justamente pensando no destino dos objetos após seu falecimento. Mesmo no último momento, o pensamento do príncipe repercorre as coisas um dia vistas por ele, ainda desta vez com intenso prazer sensorial:

> pensou mais uma vez no próprio observatório, os binóculos destinados doravante a decênios de pó [...] nos quadros dos feudos, nas macaquinhas no forro das paredes, na grande cama de cobre na qual havia morrido a sua Stelluccia; em todas essas coisas que agora lhe pareciam humildes mesmo se preciosas; nesses entrelaçados de metal, nessas tramas de fio, nessas telas recobertas de terra e de sucos de erva que eram mantidas vivas por ele, que daqui a pouco tombariam, inconscientes, em um *limbo feito de abandono e de esquecimento*; o coração se confrangeu, esqueceu a própria agonia pensando no iminente fim dessas pobres coisas queridas. (Tomasi di Lampedusa, 2014, p. 240-241, grifo nosso)

Remo Bodei, no já referido ensaio no qual discute a "vida das coisas", afirma que o apego às coisas não deixa de ser uma forma de protesto humano contra a irreversibilidade do tempo (e já observamos aqui o quanto a nostalgia das casas perdidas funciona como um motor dos escritos lampedusianos). Nessa perspectiva, pode-se avançar que, muitas vezes, a perda gradativa das coisas que colecionamos ao longo de nossas vidas configura-se, para nós, como uma espécie de "antecipação atenuada" da morte:

> Quando a ligação entre a pessoa e a coisa se rompe – ou pela morte da primeira ou pela perda da segunda –, a aversão a aceitar o desaparecimento daquilo que amamos revela o nosso inútil, porém heroico protesto contra a irreversibilidade do tempo [...] Terrível resta para sempre a perda daquilo que se ama. Nem sempre a elaboração do luto consegue compensá-la: cada perda é um toque antecipado do último sino, mimetiza de forma atenuada o momento em que deveremos abandonar tudo. (Bodei, 2009, p. 26-27)

A narrativa do gattopardo é precisamente essa história da perda contínua de um patrimônio feito de coisas queridas e de recordações vitais. A cena que comentamos flagra o Príncipe no momento de ser forçado a "abandonar tudo" para sempre... Cremos que é útil trazer à baila uma distinção elaborada por Remo Bodei, entre "objeto" e "coisa". Segundo o autor, são dois conceitos que não se equivalem. "Objeto" é um termo que

> remonta à escolástica medieval e parece replicar teoricamente o grego *problema*, 'problema' entendido em primeiro lugar como obstáculo que se coloca à frente para defesa, um impedimento que, interpondo-se e obstruindo a estrada, barra o caminho e provoca uma parada. Em latim, mais exatamente, *obicere* quer dizer lançar contra, colocar diante. (Bodei, 2009, p. 19)

O objeto, portanto, é aquilo que se coloca diante de nós, contra nós, e que precisamos vencer ou superar. Assim, por exemplo, falamos de nossos "objetos de estudo" como algo que devemos "vencer", algo sobre o qual pretendemos "domínio". Daí também a necessidade de *distância* entre sujeito e objeto – a famigerada distância crítica da qual supostamente deve derivar um olhar mais "imparcial", "realista", "dessubjetivado". A "coisa", ao invés, implica uma aproximação com o sujeito, vale dizer, um investimento afetivo do sujeito. É mediante esse investimento que o sujeito consegue transformar o objeto em coisa: "A coisa não é objeto, o obstáculo indeterminado que eu tenho defronte e que devo abater ou contornar, mas um *modo de relações no qual me sinto e me sei implicado* e de que não quero ter o exclusivo controle" (Bodei, 2009, p. 20, grifo nosso). Conforme Bodei, gera-se uma unidade indissolúvel entre pessoas e coisas nas relações de investimento ou desinvestimento sentimental que vão sendo entretecidas no decurso do tempo:

> qualquer objeto é suscetível de receber investimentos e desinvestimentos de sentido, positivos e negativos, de circundar-se de uma aura ou dela ser privado [...] Nós investimos intelectualmente e

afetivamente os objetos, damos a eles sentido e qualidades sentimentais, os envolvemos em porta-joias de desejo ou em invólucros repugnantes, os enquadramos em histórias que podemos reconstruir e que dizem respeito a nós ou outros. (Bodei, 2009, p. 23)

E no caso particular do aristocrata, pode-se dizer que o apego às coisas, às tradições familiares (indissociáveis do espaço da casa), funciona como "paliativo" para a imortalidade desejada, porém, sabidamente irrealizável. Salvatore Silvano Nigro (2012, p. 52) observa, a respeito dessa singularidade de classe: "A duração das tradições é uma aparência de imortalidade, preservada nas recordações vitais que a classe aristocrática sabe assegurar aos descendentes". Como já visto, padre Pirrone diz que a aristocracia é uma classe que sabe morrer de modo apropriado, entendendo-se por isso que ela sabe jogar uma semente no momento final. Ainda com relação ao apego às coisas, escreve Nigro (2012, p. 53):

> E entre os 'paliativos' que asseguram distinção e perpetuação estão, para além dos hábitos e dos códigos de comportamento, os choques e ondas de memória, emitidas dos antigos objetos de decoração e das moradas antigas.

Com a morte do príncipe, as "pobres coisas queridas" cairiam – que bela e forte imagem! – num "limbo feito de abandono e esquecimento", pois essas coisas são *animadas* (no sentido preciso de receberem uma alma) pela paixão do príncipe. *Don Fabrizio as ilumina e é por elas iluminado*. Personagem central de um romance que funciona, como já dito, como fina caixa de ressonância do universo ao redor, o protagonista é dotado de uma percepção aguda e atenta em relação à materialidade dos ambientes, a qual sabe reconstituir poeticamente nas recordações.[9]

---

[9]. E, aqui, justamente nos vem à lembrança uma reflexão de Bernardo Soares, o heterônimo pessoano que escreve o *Livro do Desassossego*. Ao lado dos filósofos, que muito nos ensinam a respeito da relação humana com os ambientes e as coisas, estão os grandes escritores, que trazem sua contribuição por meio de passagens literárias ricas de intuição poética. A reflexão do príncipe sobre "as pobres coisas queridas", cujo destino deverá ser o pó e o esquecimento após sua morte, pode

Em seus últimos momentos, fazendo um implacável "balanço consultivo da sua vida", não admira que em suas lembranças retornem coisas materiais, mas igualmente acontecimentos e pessoas, apreendidos em sua concretude sensível – arriscaríamos dizer – em seu mais alto grau possível:

> A exaltação pública quando havia recebido a medalha na Sorbonne, a sensação delicada de algumas sedas de gravata, o odor de alguns couros macerados, o aspecto risonho, o aspecto voluptuoso de algumas mulheres encontradas, como aquela entrevista ainda ontem na estação de Catânia... (Tomasi di Lampedusa, 2014, p. 245)

Para esse verdadeiro mestre do sensível, Don Fabrizio, a própria morte aparece materializada na figura de uma bela mulher (justamente aquela entrevista antes na estação ferroviária de Catânia), que vem buscá-lo para a sua última viagem:

> Era ela, a criatura desejada desde sempre que vinha buscá-lo: estranho que assim jovem como era tivesse se rendido a ele [...] face a face com ele levantou o véu e assim, pudica mas pronta a ser possuída, ela lhe pareceu ainda mais bela de quando a tinha entrevisto nos espaços estelares. (Tomasi di Lampedusa, 2014, p. 246)

A chegada dessa mulher une, por uma última vez, *eros* e *thanathos*.

---

ser aproximada desta outra do ajudante de guarda-livros português, que vive com a alma permanentemente desassossegada: "Sinto o tempo com uma dor enorme. É sempre com uma comoção exagerada que abandono qualquer coisa. O pobre quarto alugado onde passei uns meses, a mesa do hotel de província onde passei seis dias, a própria triste sala de espera da estação de caminho de ferro onde gastei duas horas à espera do comboio – sim, mas as coisas boas da vida, quando as abandono e penso, com toda a sensibilidade dos meus nervos, que nunca mais as verei e terei, pelo menos naquele preciso e exacto momento, doem-me metafisicamente. Abre-se um abismo na alma e um sopro frio da hora de Deus roça-me pela face lívida" (Pessoa, 1999, p. 203-204).

O pensamento derradeiro do príncipe remete a outro, quando, tendo saído do baile no palazzo, Ponteleone contempla, na parte oriental do céu, Vênus, também conhecida como a "estrela d'alva":

> Vênus estava ali, envolta no seu turbante de vapores outonais. Ela era sempre fiel, esperava sempre Don Fabrizio em suas saídas matutinas, em Donnafugata antes da caça, agora depois do baile.
>
> Don Fabrizio suspirou. Quando se decidiria a dar-lhe um encontro menos efêmero, longe dos refugos e do sangue, na sua própria região de perene certeza? (Tomasi di Lampedusa, 2014, p. 232)

Todo o episódio do baile (que, na adaptação de Visconti, renderá um filme dentro do filme) é uma extraordinária antessala da morte. Nele, sinais da "indesejada das gentes" (como diria o poeta Manuel Bandeira) estão disseminados por toda parte, cifrados com maior ou menor sutileza. Somados pela ação da leitura e da interpretação, compõem um quadro de impactante sentido mortuário. Vejamos: chegando ao baile no palazzo Ponteleone em Palermo, a família do Príncipe depara-se com o vaivém de criados e a chegada dos vestidos das senhoras trazidos de Nápoles em "compridas caixas negras semelhantes a caixões"; logo na sequência, dão com um padre carregando o Santo Cálice, e ouvem o som de sininho: era o Santo Viático em ação, sinal de que alguma "daquelas casas trancadas continha uma agonia", uma pessoa morria (Tomasi di Lampedusa, 2014, p. 212-213).

Já na efervescência do baile, Don Fabrizio pensa nos convivas, as mulheres jovens casadoiras, os velhos idiotas, amigos seus de longa data, imaginando-os como seres "miseráveis, insalváveis e queridos como o gado que à noite muge nas ruas da cidade conduzido ao matadouro" (Tomasi di Lampedusa, 2014, p. 248). A imagem do gado retorna ao final da festa, quando o Príncipe, já na rua, observa que uma "longa carroça descoberta levava empilhados os bois mortos pouco antes no matadouro, já esquartejados e que exibiam seus mecanismos mais íntimos com a falta de pudor da morte" (Tomasi di Lampedusa, 2014, p. 232). A imagem do gado morto, por sua vez, repercute várias outras imagens referentes à morte de animais, do coelhinho alvejado por Don Fabrizio numa caçada, cuja agonia é descrita lenta e pormenorizadamente – "(...) o animal morria torturado por uma ansiosa esperança de salvação, imaginando poder ainda consegui-la quando já havia sido agarrado, assim como tantos homens (...)" (Tomasi di Lampedusa, 2014, p. 114) – às iguarias alimentícias servidas fartamente à mesa, "cruéis delícias" nascidas da dor animal.

Por fim, há uma boa cópia do quadro de Jean-Baptiste Greuze, "A Morte do Justo", que, contemplada pelo Príncipe na biblioteca do palazzo Ponteleone, fá-lo pensar na sua própria morte, que lhe parece iminente:

> Logo em seguida perguntou a si mesmo se sua própria morte seria semelhante àquela [...] Como sempre, a consideração da própria morte o tranquilizava tanto quanto o havia perturbado aquela da morte dos outros; talvez porque, em resumo, a morte dele era em primeiro lugar aquela do mundo todo? (Tomasi di Lampedusa, 2014, p. 223-224)

Extraordinária pergunta: a morte do príncipe de Salina corresponde ao fim de um mundo todo? Retenhamos em suspenso essa questão fundamental. Os pensamentos fúnebres levam-no a uma visão mais benevolente, não desprovida de compaixão pelos seus semelhantes:

> Don Fabrizio sentiu enternecer-se o coração: o seu desgosto cedia a vez à compaixão per esses seres efêmeros que buscavam desfrutar o exíguo raio de luz concedido entre as duas trevas, antes do berço, depois dos últimos estertores. Como era possível enfurecer-se contra quem, seguramente, deverá morrer? [...] Não era lícito odiar senão a eternidade. (Tomasi di Lampedusa, 2014, p. 222)[10]

---

10. Essa última frase serve de inspiração para um belo ensaio crítico de Javier Marías, intitulado justamente "Odiar *O Gattopardo*". Para o escritor espanhol,

E um último vislumbre de morte no episódio do baile, com o qual iniciamos a responder à questão do Príncipe: sua morte pessoal leva de arrasto todo um mundo que lhe concerne? Don Fabrizio tem o desprazer de encontrar Don Calogero na festa. O burguês a tudo contempla, observa a decoração do palazzo Ponteleone, seus adornos, interpretando-os sempre de um ponto de vista estritamente econômico. Assim, observando os desenhos de deuses no teto do palazzo, diz ao príncipe: "Belo, príncipe, belo! Coisas assim não se fazem mais agora, como o preço atual do ouro! Sedàra estava ao seu lado, e seus olhinhos espertos percorriam o ambiente, insensíveis à graça, atentos ao valor monetário" (Tomasi di Lampedusa, 2014, p. 221).

A reação do príncipe é imediata. Em um instante, uma corrente de ódio, como que rompendo um dique interno a custo mantido em pé até o momento, preenche a alma e leva fel ao coração do velho aristocrata:

> Don Fabrizio, de repente, sentiu que o odiava; era ao afirmar-se dele, de cem outros semelhantes a ele, às suas obscuras intrigas, à sua tenaz avareza e mesquinharia que se devia a *sensação de morte que agora pesava sobre esses palazzi*; devia-se a ele, a seus comparsas, a seus rancores, ao seu sentimento de inferioridade, à sua incapacidade de florescer, se agora também a ele, Don Fabrizio, os trajes negros dos

---

para além da temática em torno da unificação italiana, do fim de uma época, do declínio da aristocracia siciliana, *Il Gattopardo* é, sobretudo, um romance sobre a morte: "[...] a preparação para ela e sua aceitação, e até sobre certa impaciência por sua chegada". A esse "desaparecimento lento, mas completo", Lampedusa – observa o ensaísta – "só ousa se opor com uma censura humilde contra a ordem natural das coisas, sem sequer se aproximar do ódio". A propósito do trecho que citamos: "Trata-se também das pessoas, em sua maioria ainda ignorantes e cheias de vida, ainda na crença de que a morte é algo que concerne aos outros, e, no entanto, já dignas de compaixão". E aos romancistas ainda vivos, como o próprio Javier Marías, cabe então um direito, posto que só é lícito odiar a eternidade: "[...] [os cinquenta e poucos anos da publicação do romance italiano] talvez sejam suficientes para que todos nós, romancistas vivos, ainda fugazes, ainda cegos e enternecedores entre as duas trevas, já ganhemos o direito de odiar *O Gattopardo*" (Marías, 2011, p. 26-29).

> dançarinos lembravam abutres que planavam, à procura de presas apodrecidas, acima dos vales perdidos. (Tomasi di Lampedusa, 2014, p. 221, grifo nosso)

Temos aqui um passo decisivo: a presença do burguês arrivista não pesa apenas contra Don Fabrizio, mas contra todo o mundo da aristocracia. Como é recorrente na personagem, a mudança dos tempos é capturada por meio de uma imagem material: é sobre os palazzi, as casas dos aristocratas, que se abate mais sensivelmente a "sensação de morte". Portanto, não se trata aqui mais da morte pessoal, mas de toda uma classe. A sensação de morte, que, sem dúvida, percorre o romance de ponta a ponta, deriva efetivamente dessa sensação – que poderíamos dizer matricial – do fim de um mundo. Nessa perspectiva e retomando a questão do príncipe, podemos respondê-la por nossa própria conta afirmativamente, isto é, a suposição de Don Fabrizio de que sua morte representaria a morte do "mundo todo" é plenamente confirmada se adotamos o ponto de vista do protagonista.

Em seu leito de morte, Don Fabrizio dá-se conta de que ele é o último gattopardo, o último Salina a possuir "recordações vitais" capazes de sustentar a tradição de uma família nobre. Após sua morte, o modo de vida e os valores da aristocracia sofreriam metamorfoses grotescas, tornar-se-iam mera perfumaria num mundo todo remodelado pelos interesses do capital...

São pungentes suas reflexões finais:

> Era inútil esforçar-se a crer o contrário, o último Salina era ele, o gigante mirrado que agora agonizava no balcão de um hotel. Porque o significado de uma linhagem nobre está todo nas tradições, nas recordações vitais; e ele agora era o último a possuir recordações incomuns, distintas daquelas de outras famílias. (Tomasi di Lampedusa, 2014, p. 241)

E como bem previu Don Fabrizio, o destino das coisas após sua morte seria terrível. O último capítulo do romance opera um salto temporal. O penúltimo é o da morte do príncipe, em julho de 1883; no último capítulo, estamos em maio de 1910 e acompanhamos Concetta, já uma senhora de idade e que jamais casou-se (ficaria marcada para sempre pela perda de seu único amor, Tancredi, para a concorrente Angelica), às voltas com a Igreja para que algumas relíquias (pinturas, adornos diversos) da família fossem reconhecidas como efetivamente de valor sacro. Procura-se manter o prestígio da família Salina ao menos perante a Igreja, porque do ponto de vista econômico não sobrou patrimônio considerável que se pudesse converter em prestígio social.

Solitária, amargurada com o destino que lhe coube, nutre em si uma relação litigiosa em relação à memória do pai, que não a apoiou quando, ainda jovem, quisera desposar Tancredi. Para ela, o seu quarto de "solteirona", no qual se encontram baús nos quais seu enxoval, confeccionado há cinquenta anos, repousa amarelecendo e desfazendo-se inutilmente – representa nada menos que "um inferno de recordações mumificadas" (Tomasi di Lampedusa, 2014, p. 257). Também no seu quarto está o cão Bendicò, que era dileto de Don Fabrizio, morto já há quarenta e cinco anos e que, empalhado, convertera-se num ninho de teias de aranha e cupins. As empregadas da casa, por seu turno, sempre insistem com Concetta para que se desfaça dele. Enfim, ela assim o decide e ordena à criada que se livre deste cão-múmia:

> o pobre Bendicò insinuava recordações amargas. Tocou o sininho: 'Annetta', disse, 'este cão tornou-se realmente muito carunchado e empoeirado. Leve-o embora, jogue-o fora.'
> Enquanto a carcaça era puxada para fora, os olhos de vidro a fixaram com a humilde reprovação das coisas que se descartam, que se quer anular. Poucos minutos depois aquilo que restava de Bendicò foi jogado em um canto do pátio que o lixeiro visitava todo dia: durante o voo pela janela sua forma se recompôs por um instante: pôde-se ver dançar no ar um quadrúpede de longos bigodes e a pata anterior

direita levantada parecia imprecar. Depois tudo encontrou paz em um montinho de poeira lívida. (Tomasi di Lampedusa, 2014, p. 268)

São estes os parágrafos finais do romance, que termina – sintomaticamente, para uma obra transpassada do início ao fim por signos da morte – com a palavra "poeira". Jogar fora o cão Bendicò, que o pai amava tanto, significa nesse contexto, para a personagem, livrar-se do peso de um passado que ainda no presente emite "recordações amargas". Concetta foi sacrificada no altar dos novos tempos, que exigia o consórcio da antiga aristocracia com a burguesia ascendente, no caso, o casamento entre Tancredi e Angelica, união apoiada por Don Fabrizio, mesmo estando ele ciente da paixão da filha pelo seu querido sobrinho.

Em carta já citada de Lampedusa ao amigo Enrico Merlo (muito famosa por indicar as correspondências entre os fatos de ficção e suas fontes reais de inspiração), o autor faz, de última hora, uma observação no mínimo inusitada. Escreve ele no envelope: "Preste atenção: o cão Bendicò é um personagem importantíssimo e é quase a chave do romance" (Tomasi di Lampedusa, 2014, p. 10). Como poderia um simples cachorro, que, aqui e acolá, aparece acompanhando o príncipe de Salina, ser a "chave" de um romance tão complexo e com tantas implicações históricas, políticas e pessoais como o é *Il Gattopardo*?

Parece-nos que Francesco Orlando tenha encontrado uma boa resposta em sua análise de fôlego sobre o romance de seu antigo professor de literatura. No momento em que é jogado fora, o cão, em seu protesto mudo contra a anulação a que o condenam – "a humilde reprovação das coisas que se descartam" – parece transformar-se, por um instante, no próprio gattopardo. Observe-se que a pata dianteira do cão levantada pode aludir à pata do leopardo, que, no brasão da família Lampedusa, também a mantém nessa mesma posição. O cão é como um prolongamento simbólico do aristocrata falecido e, por extensão, de toda uma linhagem nobre que só pode subsistir enquanto as "recordações vitais" continuarem vivas e atuantes no tempo presente. O descarte do cão é como uma segunda morte pessoal do príncipe e de todo o mundo dos aristocratas, realizando-se literariamente uma fina conexão – para usarmos aqui os termos empregados por Orlando – entre o privado e o público ou ainda entre a intimidade e a História:

> O quadrúpede bigodudo que 'pôde-se ver dançar no ar', cuja 'pata anterior direita levantada parecia imprecar', transformou-se de Bendicò em Gattopardo, de história privada em história pública, por alegoria de um instante: antes de encontrar paz 'em um montinho de poeira lívida'. (Orlando, 1998, p. 175)

Il Gattopardo, logo após sua publicação, foi duramente criticado por intelectuais de esquerda, muito deles ligados ao Partido Comunista Italiano, por se tratar de obra escrita por aristocrata e com uma visão considerada conservadora do movimento da Unificação, com destaque ao descaso para com a participação popular nos atos de insubordinação que tomaram as ruas das cidades. Uma crítica ideológica que, como veremos, descura da dimensão estética do texto. Uma crítica de primeira hora que influenciou muito Luchino Visconti, que, em princípio, ao aceitar o desafio de adaptar para o cinema o romance, pensou que deveria "corrigi-lo" do ponto de vista ideológico. Esse projeto inicial naufragou conforme avançou a compreensão e o fascínio de Visconti pelo mundo representado no texto, em grande medida a ele familiar – é o que veremos no próximo capítulo.

Com efeito, *Il Gattopardo* é o "único romance escrito por um aristocrata, sobre o passado recente da própria classe, com um ponto de vista totalmente interno a essa" (Orlando, 1998, p. 19). Vemos tudo a partir da ótica de Don Fabrizio, o aristocrata gattopardo. Trata-se também de um romance, como mostramos ao longo desta análise, marcado por uma "eufórica familiaridade dos ambientes" (Orlando, 1998, p. 18). A casa é sempre aí um protagonista. Lampedusa sabe olhá-la como ninguém e criar imagens poéticas que nos fazem percebê-la em sua materialidade sensível.

Com relação aos objetos, pode-se dizer que também eles são vistos de um ponto de vista "patrimonial". São amados pelo príncipe porque a ele pertencem e lhe asseguram não apenas *status* social, mas também a serenidade que deriva dessa base material familiar que, à primeira vista, parece imune à passagem do tempo. Ilusão que o próprio gattopardo desfaria em seu leito de morte ao dar-se conta do fim de tudo, da ameaça real e certa do "limbo feito de abandono e de esquecimento" que a tudo engolirá.

Há uma passagem do romance que nos parece bastante exemplar a respeito desse olhar de classe. Chegando a família de Don Fabrizio a Donnafugata para os meses de veraneio, o narrador nos informa acerca de um dos criados do palazzo:

> Don Onofrio era uma das raras pessoas estimadas pelo Príncipe e talvez a única que jamais o havia roubado. Sua honestidade confinava com a obsessão e dessa se narravam episódios espetaculares como aquele do cálice de licor deixado quase cheio pela princesa no momento de uma partida e reencontrado um ano depois no idêntico lugar com o conteúdo evaporado e reduzido ao estado de goma açucarada, mas não tocado. 'Porque esta é uma parte infinitesimal do patrimônio do Príncipe e não se deve desperdiçar'. (Tomasi di Lampedusa, 2014, p. 80)

Don Onofrio é estimado pelo príncipe e podemos supor que tal estima reflita uma característica que ele reconhece em si próprio: *o olhar e o zelo pelo dado infinitesimal do patrimônio*. Esse olhar agudo para o pequeno e o humilde, mas sempre caro ao príncipe, rende imagens belíssimas na narrativa, proporcionadas pela qualidade literária da descrição das peculiaridades materiais das coisas. Acrescente-se a isso a percepção aguda dos efeitos do tempo inscritos nos objetos. Como o crepúsculo antropomorfizado de um conto de Rilke (2011, p. 93), Lampedusa sabe "que é passado o que se conserva em cadeiras, armários e quadros".[11]

---

11. O cineasta Andrei Tarkovski faz uma citação em seu livro *Esculpir o Tempo* que também serve para iluminar a obra de Lampedusa no que se refere às descrições

Giuseppe Tomasi di Lampedusa opôs seu protesto tímido ao desgaste imposto pelo tempo, procurou preservar as coisas que desaparecem em sua refinada escrita literária. Ele sabia que a perda de casas e de objetos significava, em última instância, perda de memória individual e coletiva. Nessa perspectiva, sua obra representa um notável esforço de contrapor-se à descartabilidade de moradias e coisas que sucumbem aos interesses do capital nas sociedades contemporâneas. Como observa, a propósito desse assunto, James Hillman (2004, p. 95, grifo nosso): "A destruição de *pallazi*, como hoje se faz continuamente para reestruturá-los, melhorá-los, equivale a uma lobotomia, a uma perda de células cerebrais: é uma perda de recordações e imagens".

Por fim, como tudo relembrou a partir da visão de um aristocrata arruinado e nostálgico, também proporcionou a nós, leitores, que não somos parte ou herdeiros da nobreza, o conhecimento de um mundo diferente, com suas regras e valores particulares e exclusivos. Concluímos com uma observação de E. M. Forster (*apud* Orlando, 1998, p. 21) sobre *Il Gattopardo*, que demonstra um fascínio que foi também o nosso quando o lemos pela primeira vez: "Lendo-o e relendo-o compreendi quantos modos existem de estar vivo, quantas portas, fechadas para um, que o toque de uma outra mão pode abrir".

---

de objetos, embora a referência seja aqui a cultura japonesa: "Em seu relato sobre o Japão, o jornalista soviético Ovchinnikov escreveu: 'Considera-se que o tempo, *per se*, ajuda a tornar conhecida a essência das coisas. Os japoneses, portanto, têm um fascínio especial por todos os sinais de velhice. Sentem-se atraídos pelo tom escurecido de uma velha árvore, pela aspereza de uma rocha ou até mesmo pelo aspecto sujo de uma figura cujas extremidades foram manuseadas por um grande número de pessoas. A todos esses sinais de uma idade avançada eles dão o nome de *saba*, que significa, literalmente, 'corrosão'. *Saba*, então, é um desgaste natural da matéria, o fascínio da antiguidade, a marca do tempo, ou pátina. *Saba*, como elemento do belo, corporifica a ligação entre arte e natureza'" (Ovchinnikov *apud* Tarkovski, 2010, p. 66-67).

Os ambientes e as coisas de
VISCONTI

Afinidades aristocráticas: o príncipe e o conde

Em 1963, o diretor italiano Luchino Visconti lançaria a sua adaptação cinematográfica de *Il Gattopardo*. Trata-se de um filme belíssimo e não há dúvida de que está à altura de sua primorosa fonte literária. Em um breve depoimento, Visconti comenta sobre o fascínio que o romance de Lampedusa exerceu de imediato sobre ele:

> Agradou-me imensamente o romance de Giuseppe Tomasi di Lampedusa. Afeiçoei-me àquele extraordinário personagem que é o príncipe Fabrizio di Salina. Apaixonei-me pelas polêmicas da crítica sobre o conteúdo do romance a ponto de desejar poder intervir e dizer o meu próprio pensamento. Talvez seja precisamente essa a razão que me induziu a aceitar a oferta de realizar o filme [...] eu fiquei tentado e fascinado pela possibilidade que se me oferecia de dar uma realidade física aos personagens do romance e de recontar por imagens o ambiente, nesse caso excepcional, em que se desenrola a história; mas sobretudo de conseguir repropor em um discurso visivo os temas poéticos e históricos propostos pelo romance. (Visconti, 1977, p. 70)

Do comentário de Visconti depreendem-se duas linhas mestras de seu interesse pelo romance: 1) as polêmicas da crítica a respeito do seu conteúdo, discussões de caráter, como veremos logo adiante, essencialmente ideológicas *e em face das quais* ele gostaria de posicionar-se; 2) a sua afeição pelo protagonista do romance, Don Fabrizio, o gattopardo e, por extensão, pelo ambiente da história, basicamente os cenários aristocráticos da nobreza siciliana (os luxuosos interiores dos palazzi) e, certamente em menor escala, a própria paisagem da Sicília. São dois eixos de interesse que acabarão por entrar numa espécie de *relação tensa, de confronto direto*, com resultados práticos na elaboração da obra. Ao invés de uma análise pormenorizada de um filme já bastante estudado, o que nos interessa neste capítulo é justamente colocar em destaque os conflitos internos de Visconti durante a filmagem de *Il Gattopardo* e a deriva que esses tomaram rumo a uma *aderência afetiva* pelo mundo descrito no romance. Aderência que tem a ver com sua própria origem familiar na aristocracia milanesa e que se resolve numa notável capacidade de fazer ambientes e coisas *falarem* de um determinado contexto sociocultural, assim como do tempo que neles se inscreve e deixa suas marcas (à semelhança do que o próprio Lampedusa fizera em sua narrativa).

Com relação ao primeiro ponto referido, concernente às polêmicas da crítica sobre o romance, queremos destacar dois ensaios publicados em 1959, dos mais importantes acerca de *Il Gattopardo* quando ainda de sua recente publicação, e que eram de conhecimento de Luchino Visconti e certamente o influenciaram em sua primeira aproximação à obra em seus preparativos para adaptá-la. Mario Alicata, líder cultural do Partido Comunista Italiano (em 1955, havia sido designado como diretor da comissão cultural do Partido) escreve um denso ensaio crítico sobre *Il Gattopardo* para a revista *Il Contemporaneo* (um veículo de comunicação pertencente ao próprio PCi).

Segundo Alicata, o romance de Lampedusa se ressente de sua visão histórica limitada e de sua concepção "aristocrática" da vida. Para o intelectual comunista, o príncipe, como legítimo representante da aristocracia, é incapaz de perceber a função criativa e transformadora da sociedade. Assim sendo, ele representa a sociedade siciliana em um estado de imobilidade devido a razões geopolíticas e mesmo raciais. Em outras palavras, a História – especialmente feita pelas massas – não penetra a narrativa e as personagens: *estas últimas já nascem prontas em si mesmas e não se modificam com a História* (ao contrário do que ocorre – como faz questão de lembrar Alicata – com as personagens de *Guerra e Paz*, romance no qual as personagens aparecem inicialmente de uma forma e vão se modificando conforme se envolvem nos fatos históricos reais). Nessa perspectiva, portanto, sempre segundo o crítico, Lampedusa não consegue estabelecer a justa relação entre história individual, isto é, a história privada de seus personagens, e a grande História.

Para Mario Alicata, em última instância, *Il Gattopardo* é uma tentativa frustrada de romance histórico realista, prejudicado por uma deficiência profunda:

> a deficiência *ideológica* que está na base da concepção deste livro: é em suma a sua ideologia reacionária, a sua visão 'aristocrática' da história e da vida dos homens, que impediu ao príncipe de Lampedusa, e não podia não lhe impedir, de escrever o grande romance histórico [...] [que] ele tinha sonhado escrever. (Alicata, 1959, p. 19, grifo do autor)

A visão particularmente "restrita e mesquinha" de Lampedusa levou-o a uma concepção arbitrária, unilateral, e mesmo caricaturesca do *Risorgimento* siciliano (e italiano), do qual só soube – ou quis – apreender os *limites*. Não soube, sobretudo, entender e valorizar a participação popular no movimento de Unificação italiana. Uma experiência literária reacionária e frustrada, portanto, segundo Mario Alicata.

Outro crítico que se debruçou sobre *Il Gattopardo* ainda em 1959 foi o famoso escritor siciliano Leonardo Sciascia (que, posteriormente, visitaria Visconti durante a filmagem da adaptação). Exatamente como o líder cultural do PCi, também Sciascia observa que as mudanças históricas são ignoradas por Lampedusa. A Sicília do *Gattopardo*, segundo lhe parece, sofre um "vício de abstração", uma abstração "geográfico-climática": assim, a Sicília da época do romance (final do século XIX) é praticamente a mesma que há tantos séculos atrás fora invadida sucessivamente por árabes, gregos, normandos, aragoneses. E, tal e qual Mario Alicata, Sciascia também lamenta a "congênita e sublime indiferença" do príncipe de Lampedusa pelos camponeses pobres.

Os dois ensaios estão de acordo no que se refere ao essencial: fazem uma leitura ideológica do romance (a sua qualidade estética, embora tacitamente admitida, é pouco discutida em ambos), acusando-o de materializar uma narrativa em torno do *Rissorgimento* basicamente a-histórica e reacionária – como seria mesmo de esperar, presume-se, tratando-se de um romance escrito por um representante da velha classe senhorial.

O ensaio de Sciascia tem um componente moral (e moralista) mais nítido que o de Alicata. Ele compara Tomasi di Lampedusa, por exemplo, a Giovanni Verga, escritor realista e socialmente engajado, autor de romances como *I Malavoglia* e *Mastro-don Gesualdo*. Diz de uma anedota segundo a qual um jornalista perguntou a Verga por que ele não teria levado a cabo o projeto de escrever um romance em torno do "grande mundo" da aristocracia, o qual deveria intitular-se *La Duchessa di Leyra*. Verga teria respondido:

> Agora lhe digo que eu jamais escreverei *La Duchessa di Leyra*. À gente pobre (em dialeto disse: *la gintuzza*) eu sabia fazer falar: com as pessoas do grande mundo não consigo. É gente que em cada coisa que diz mente duas vezes: se tem dívidas, diz ter dor de cabeça... (Sciascia, 1996, p. 178)

Siascia compreende que a declaração de Verga pode e deve ser aceita como uma confissão de incapacidade literária, mas também sugere que ela é fruto de um "preconceito moral". Todavia, no que concerne ao *Gattopardo*, trata-se aqui de óbvio recurso para iluminar os limites ideológicos da arte de Lampedusa: ao passo que Verga sabe apenas "fazer falar" a gente pobre, o príncipe, ao invés, só sabia fazer falar os ricos, condenando os pobres ao mais profundo silêncio... Ponto para Verga.[1]

---

1. Observe-se que a mesma estratégia crítica é utilizada por Sciascia em outro ensaio seu dedicado ao *Gattopardo*. Ao referir-se aos "paraísos perdidos" de Lampedusa e suas descrições dos *palazzi* formuladas em *Ricordi D' Infanzia*, em suma, lembranças do fausto das casas de família, o autor diz que à sua mente acorrem, por contraste, palavras do escritor siciliano Vitaliano Brancati (extraídas do livro *Singolare Avventura di un Viaggio - Sogno di un Valzer*): "Você e eu somos pobres; meu pai era pobre; o pai do meu pai era pobre; o pai daquele era pobre... Sempre a nossa casa esteve no nível da lama da rua, e sempre ouvimos, no fim de nosso pavimento, bater a chuva no calçamento. Muitos animais de esgoto, como

Para Sciascia (1996, p. 178), enfim:

> O fato é que *Il Gattopardo* é um livro escrito por um grande senhor. Um grande senhor 'não é senão qualquer um que elimina as manifestações sempre desagradáveis de tantas partes da condição humana e que exercita uma espécie de proveitoso altruísmo': luminosa definição que Tomasi mete nos pensamentos de Calogero Sedàra, que grande senhor não é. Luminosa, dizemos, por certas considerações que temos feito sobre a incidência de uma condição semelhante na literatura.

Com relação aos dois ensaios citados, observemos por nossa conta dois claros limites interpretativos. Um deles diz respeito a uma leitura ideológica indissociavelmente ligada, nos dois casos, a um *constrangimento do ficcional pelo elemento biográfico*. Nessa perspectiva, um romance escrito por um representante da velha classe senhorial só poderia mesmo refletir a visão de mundo mesquinha e reacionária correlata. Ainda nessa linha, salta à vista que a personagem ficcional, o protagonista do romance, príncipe de Salina (baseado no bisavô de Lampedusa, segundo declaração do próprio escritor) é tomado como sendo o próprio Giuseppe Tomasi di Lampedusa... temos então a *redução* da personagem à figura histórica do príncipe-escritor, com prejuízo da *inventividade* própria ao discurso ficcional. Ora, o próprio Lampedusa, em sua carta ao amigo Enrico Merlo, confessa que a personagem é em alta conta fruto de uma *idealização* do antepassado de família: "É supérfluo dizer-te que o príncipe de Salina é o príncipe de Lampedusa, Giulio Fabrizio, meu bisavô (...) Padre Pirrone é também ele autêntico, também no nome. *Creio ter feito ambos mais inteligentes do que realmente foram*" (Tomasi di Lampedusa, 2014, p. 9, grifo nosso).

---

baratas, ratos, escorpiões, nos conheciam e nos viram dormir!" (*apud* Sciascia, 1989, p. 108). Mais uma vez, como critério de análise literária, a comparação entre um escritor que só sabe descrever o mundo da classe alta e outro que tem a vista apurada para a miséria dos camponeses sicilianos. O livro de Tomasi di Lampedusa tem seu valor diminuído, também aqui, por critério decididamente ideológico, passando-se ao largo da elaboração estética.

Como veremos, a essa camada de idealização de figura histórica do Príncipe, Visconti acrescentaria ainda outra por conta própria. Com relação à concepção "imobilista" ou "abstrata" da História, a interpretação dos dois ensaístas é baseada, sobretudo, nas palavras do príncipe de Salina ao cavalheiro Chevalley di Monterzuolo, que, na condição de emissário governamental piemontês, visita Don Fabrizio para oferecer-lhe o lugar de Senador do Reino na Itália unificada. O príncipe recusará a oferta e sugerirá para o prestigioso cargo ninguém menos que... o burguês Calogero Sedàra. A recusa do príncipe se faz mediante uma fulgurante síntese do que poderíamos denominar o caráter psicológico do povo siciliano. Destacando-se nessa espécie de "retrato" de um povo o seu desejo de imobilidade, de morte, de sonho (temos visto até aqui como a morte é onipresente em todo o romance). Recordemos algumas passagens capitais da fala do príncipe:

> Na Sicília não importa fazer mal ou fazer bem: o pecado que nós sicilianos não perdoamos jamais é simplesmente aquele de 'fazer'. Somos velhos, Chevalley, somos velhíssimos. Há vinte e cinco séculos pelo menos carregamos sobre os ombros o peso de magníficas civilizações heterogêneas, todas vindas de fora já completas e aperfeiçoadas, nenhuma germinada de nós mesmos [...]
>
> O sono, caro Chevalley, o sono é o que os sicilianos querem, e eles odiarão sempre quem lhes queira acordar, ainda que seja para trazer-lhes os mais belos presentes [...] Todas as manifestações sicilianas são manifestações oníricas, mesmo as mais violentas: a nossa sensualidade é desejo de esquecimento, os nossos tiros e facadas, desejo de morte [...] As novidades só nos atraem somente quando as sentimos defuntas, incapazes de dar lugar a correntes vitais [...]
>
> Esta violência da paisagem, esta crueldade do clima, esta tensão contínua de cada aspecto, estes monumentos também do passado, magníficos mas incompreensíveis porque não edificados por nós e que nos estão ao redor como belíssimos fantasmas mudos; todos esses governos, desembarcados em armas sabe-se lá de onde, rapidamente

servidos, logo detestados e sempre incompreendidos, que se expressaram apenas através de obras de arte para nós enigmáticas e de concretíssimos cobradores de impostos gastos depois alhures; todas essas coisas *formaram o nosso caráter* que permanece assim condicionado por fatalidades externas e por uma terrível insularidade de espírito. (Tomasi di Lampedusa, 2014, p. 178-180, grifo nosso)

Sem sombra de dúvida, ao procurar traçar o "caráter" do povo siciliano, Lampedusa incorre em uma generalização que certamente encontrará desmentidos nos indivíduos sicilianos concretos em suas irredutíveis diferenças pessoais (enfim, conforme já nos ensinou, entre outros, Nietzsche, todo conceito pressupõe um alto grau de arbitrariedade e generalização, dado que sempre nasce de uma operação mental de "igualação do não-igual", sacrificando-se as diferenças individuais em proveito de capturar o real de forma abrangente na conceituação). Posto isso, não nos parece que as reflexões do príncipe possam ser subsumidas simplesmente numa "visão imobilista" da História. Certamente, ele quis traçar uma característica siciliana de longo alcance segundo um ponto de vista "aristocrático", uma característica do povo enraizada profundamente na história sociocultural da ilha. Como quem diz, no Brasil, da "alegria" ou da "informalidade" ou ainda da "preguiça" do povo brasileiro... sabemos como são problemáticas tais definições!

Vale lembrar também as famosas palavras pensadas pelo príncipe como resposta às afirmações de Chevalley sobre a nova Itália unificada, moderna, ágil, transformadora:

> Tudo isso, pensava, 'não deveria poder durar; mas vai durar, sempre; o sempre humano, é claro, um século, dois séculos...; e depois será diferente, porém pior. Nós fomos os Gattopardi, os Leões; aqueles que nos substituirão serão pequenos chacais, hienas; e todos, Gattopardi, chacais e ovelhas, continuaremos a crer que somos o sal da terra'. (Tomasi di Lampedusa, 2014, p. 185)

Bem analisado o pensamento de Don Fabrizio, nota-se que sua concepção de História não é propriamente "imobilista", mas uma curiosa percepção de durabilidade ("o sempre humano") e mutação ("será diferente, porém pior") entrelaçadas no decurso do tempo. Lampedusa não via na substituição da velha classe senhorial pelos burgueses um sinal de transformação social em larga escala. Os burgueses eram ainda piores que os aristocratas e a sociedade italiana continuaria, em essência, desigual – os velhos exploradores sairiam de cena para dar lugar a outros ainda mais ávidos. O escritor era um grande cético e, talvez por isso mesmo, um fino observador da destruição dos feitos de uma geração por outra, do acúmulo histórico de ruínas sobre ruínas. Um ceticismo que, em nosso país, só encontra paralelo talvez em Machado de Assis, que – para ficar aqui num exemplo clássico – via a substituição do Império pela República como simples troca de tabuletas de confeitaria – como está em *Esaú e Jacó* –, mudança de etiqueta que deixaria inalterada a sociedade brasileira em sua divisão abissal entre ricos e pobres.

Ainda a respeito da visão lampedusiana da terra natal, cremos que é útil o recurso ao dado biográfico para melhor esclarecermos as relações ambíguas – ou, dito de forma mais direta, de amor e ódio – mantidas pelo escritor com a Sicília. Homem de extrema erudição, frequentador de literaturas nacionais vazadas nas mais diversas línguas, parecia a ele que a sua Sicília sofria de sentimentalismo barato (nutria profunda aversão ao melodrama oitocentesco italiano, em especial às óperas) e de um inarredável provincianismo cultural (não perdia oportunidade de ironizar o mito da inteligência meridional...). Sequer a pretensa vida sexual siciliana era poupada pelo escritor, conforme demonstra seu melhor biógrafo:

> tendia a interpretar a excessiva exibição verbal dos palermitanos como compensação por uma vida sexual frequentemente inibida: 'não há cidade em que se foda menos'. E em outra ocasião os cornos, isto é, o pesadelo dos próprios e a brincadeira grosseira sobre eles,

vinham definidos como 'o eixo em torno do qual gira a vida da ilha'. (Orlando, 1996, p. 30)

Mas, certamente, era o provincianismo cultural o que mais o fazia sofrer:

> Lampedusa deveria ter de qualquer modo sofrido *pessoalmente*, a uma certa idade, da inferioridade civil do próprio país em relação àqueles visitados; da diversidade de mentalidade; da pouca conta ou talvez do desprezo com que terá visto a Sicília ou propriamente a Itália provinciana do início do século (Orlando, 1996, p. 33, grifo do autor)

Dos países visitados, sobreleva a importância da Inglaterra – o escritor tinha grande admiração pelo o que considerava a "disciplina inglesa" e o progresso social daquele país desde fim dos Setecentos. Tinha especial atração por Londres, a seu ver, exemplo de metrópole cosmopolita, democrática, cultural e materialmente avançada. Mas as ironias com a Sicília também não deixavam de emitir uma ressonância profunda com a própria situação existencial de nobre empobrecido que jamais se preocupou em buscar formas de sustento financeiro que fossem além das heranças de família:

> Preguiça, espera da morte; estes motivos profundos do *Gattopardo*, onipresentes e subterrâneos também para além da passagem na qual emergem como características sicilianas, eram atinentes à desolação mesma do príncipe solitário que não havia se dignado a procurar um afazer no consórcio com seus contemporâneos. (Orlando, 1996, p. 66)

Assim, a preguiça vituperada dos ilhéus era reconhecida também como característica própria, ainda que a contragosto. Por fim, por trás do sarcasmo, Orlando também enxerga a pulsação do afeto e do amor pela Sicília (que transparece no romance, seja na descrição – de alta voltagem poética – da paisagem, seja na caracterização de populares que gravitam em torno do príncipe de Salina):

> Era exteriorizada uma enternecida simpatia por certos tipos ilhéus, íntegros e puros, os Onofrio Rotolo, os Ciccio Tumeo; um amor

fascinado, comovido por aquela paisagem e aquele clima siciliano, que a prosa do *Gattopardo* exalta ainda quando lamenta a nociva violência de luzes, cores e ardores. Esta simpatia e este amor estavam naturalmente escondidos ainda antes atrás da polêmica e do sarcasmo; já eram difusos com encantadora simplicidade nas recordações de infância: mas a mim foram reveladas somente com o romance. (Orlando, 1996, p. 74)

Tratando-se de um trabalho, como o nosso, voltado para a análise e interpretação das relações das personagens com ambientes e objetos, não custa lembrar que um impulso decisivo para a redação do *Gattopardo* foi uma viagem que Lampedusa fez à cidade siciliana de Palma de Montechiaro em agosto de 1955, como nos informa seu filho adotivo Gioacchino Lanza Tomasi:

> Um outro evento determinante que impulsionará o romance em direção ao seu caráter de grande epopeia privada e ao mesmo tempo pública, de apólogo da antiga classe dominante, é constituído de duas excursões a Palma Montechiaro, o antigo feudo dos Tomasi, realizadas no verão e outono de 1955 [...] Observou [Lampedusa] com encanto a sacristia da Igreja Mãe e o interior da igreja, e em particular o comoveu o acolhimento da comunidade beneditina do SS. Rosario [...] Depois da excursão a Palma a escritura do *Gattopardo* retomou vigor. E a 'visita ao monastério' faz parte dos primeiros deveres do príncipe de Salina apenas chegado a Donnafugata. (Tomasi, 2007, respectivamente p. 50, 54-55)

Como visto na carta de Lampedusa ao amigo Enrico Merlo, Donnafugata, como localidade, corresponde precisamente a Palma. A viagem permitiu a Lampedusa reativar "recordações familiares bastante imprecisas" (Tomasi, 2007, p. 53), as "recordações vitais" das quais necessitava para a elaboração do romance. A memória precisava desse olhar sobre a ambiência concreta da Sicília para trazer à tona os materiais que seriam descritos posteriormente no romance.

Voltemos agora a Luchino Visconti, que, interessado pelos debates da crítica em torno do romance de Lampedusa, decide participar das discussões introduzindo sua visão particular. Visconti era muito próximo dos intelectuais ligados ao PCi, como os citados Alicata e Sciascia, fazia abertamente uma defesa dos ideais comunistas e estava de acordo com as severas críticas direcionadas ao caráter conservador do romance (não obstante isso, jamais procurou filiar-se ao Partido, ciente de que este não aceitava em suas fileiras homossexuais, como era o seu caso). Entretanto, desde o início, refere-se ao seu fascínio pela figura do príncipe de Salina e pelo ambiente da história.

Visconti estava presente, com sua roteirista dileta, Suso Cecchi d'Amico, no dia 7 de julho de 1959, no encontro dos intelectuais que concederam ao romance de Lampedusa o mais importante prêmio literário italiano, o Strega. Contra toda expectativa inicial, o romance de Lampedusa foi declarado vencedor pelo júri então constituído, tendo alcançado 135 votos, deixando para trás dois concorrentes de peso, *La Casa della Vita*, de Mario Praz, que conquistou 98 votos, ficando em segundo lugar, e *Una Vita Violenta*, de Pier Paolo Pasolini, que obteve 70 votos e o terceiro lugar na premiação. É de se notar que, não obstante a avaliação negativa da crítica de esquerda, o romance de Lampedusa tornou-se um grande sucesso de público muito rapidamente: lançado no outono de 1958, por ocasião do prêmio Strega, o romance já havia alcançado 70 mil cópias impressas, uma cifra impressionante para os padrões do mercado editorial italiano. *Il Gattopardo* – que havia sido inicialmente recusado para publicação por duas grandes editoras italianas, a Mondadori e a Einaudi, com as quais Lampedusa entrara em contato – e finalmente publicado pela Feltrinelli sob curadoria do escritor Giorgio Bassani, já após o falecimento de Lampedusa, é, pois, daqueles fenômenos literários que carregam, ao mesmo tempo, o fardo da péssima recepção crítica inicial (de esquerda a que nos temos referido) e o estrondoso sucesso popular. Posteriormente, tornar-se-ia o romance italiano do século XX mais conhecido no exterior, tendo sido traduzido para uma infinidade de línguas estrangeiras.

O interesse de Luchino Visconti pelo romance sem dúvida nenhuma reverbera uma grande *afinidade biográfica* entre ele e a figura do príncipe de Lampedusa. Como se sabe, também Visconti era originário de uma família milanesa aristocrática (por parte do pai) que remonta à Idade Média. O palazzo construído por um antepassado, Gian Galeazzo Visconti, entre 1386 e 1387, e que foi totalmente restaurado por seu pai, o conde Giuseppe Visconti di Modrone, na passagem do século XIX para o XX, foi, em 1906, lugar de nascimento de Visconti, que passou boa parte de sua infância ali. O palazzo, localizado no centro de Milão, perto do teatro Scala e do Duomo, tinha fixada em sua severa fachada o brasão da família: no caso dos Visconti di Modrone, ao invés de um leopardo, tratava-se de uma serpente.

Em 1900, o conde Giuseppe Visconti di Modrone casa-se com Carla Erba, mulher rica, porém, plebeia, filha de um muito bem-sucedido empreendedor ligado à indústria farmacêutica. Aliança, pois, entre nobreza e burguesia (que é matéria importantíssima, como visto, de *Il Gattopardo*). Laurence Schifano, que escreveu uma extraordinária biografia de Visconti, observa a esse propósito:

> O que eles [Giuseppe Visconti e Carla Erba] encarnam é, ao mesmo tempo, a fidelidade às mais antigas tradições e o triunfo brilhante do sucesso, do moderníssimo espírito da empresa dos Erba. Uma família, os Erba, que, também ela, distinguia-se das outras famílias da burguesia industrial por seu faustoso padrão de vida e pelas suas relações nos meios musicais e aristocráticos [...] O dinheiro e a beleza, mas sobretudo o mundanismo e a música, abriram à Donna Carla e à sua irmã Lina, que desposará o conde Emanuele Castelbarco, as portas até então hermeticamente fechadas da aristocracia. Alianças matrimoniais entre burguesia e aristocracia, que refletem (assim como o casamento da neta de 'Peppe Merda', Angelica Sedàra, com Tancredi Falconieri, sobrinho do príncipe Salina, no *Leopardo*) a

evolução da sociedade entre o fim do século XIX e a *Belle Époque*. (Schifano, 1990, respectivamente p. 31 e 32)

Os pais de Visconti eram cultores das artes, com destaque para o teatro e ainda mais especialmente a música erudita (o teatro Scala, por exemplo, era frequentado assiduamente pelo casal, ao passo que compositores como Giacomo Puccini e Arturo Toscanini eram hóspedes habituais nos encontros realizados pelo casal no faustoso palazzo do conde), e ambos transmitiram ao filho o interesse pelas mais diversas expressões artísticas (não custa lembrar que Visconti se tornaria, além de cineasta, grande diretor de teatro e de espetáculos musicais, especialmente de óperas).

A exemplo de Lampedusa, também Visconti poderia escrever recordações de infância centradas nas casas paterna e materna: uma, o palazzo reformado pelo pai, que mergulhava nas profundezas do passado, alcançando tempos e ancestrais medievais, e a casa da avó materna, mais moderna, símbolo de uma burguesia milanesa empreendedora. Havia também a faustosa Villa Erba, à beira do lago de Como, em Cernobbio, onde a família Visconti costumava passar a temporada de verão. Villa Erba é o paraíso infantil por excelência do futuro cineasta, a "Casa Mãe":

> a Villa Erba é a Casa Mãe, aquela onde ele caminha como caminha o sangue nas veias do corpo; faustosa e íntima, ao mesmo tempo teatro e ninho, ela é o arquétipo de todas as casas da felicidade perdida. Poesia de férias, da família ainda unida: o paraíso da infância está aqui, com o despertar da casa todas as manhãs, com os ruídos familiares, os latidos dos cães, os passos dos criados nas escadas, a inflexão querida das vozes maternas, a música de sempre... (Schifano, 1990, p. 75-76)

Vale enfatizar a presença marcante da mãe, notadamente no que diz respeito ao gosto pela música, que está entre as lembranças mais vivas de Visconti (lampedusianamente, diríamos nós, sua recordação associa-se a um "reflexo da luz" que cai sobre seu instrumento musical):

97

as emoções estéticas mais profundas do jovem Luchino estão ligadas à sua mãe: às lições de harmonia e de contraponto que ela dava de manhã a cada um de seus filhos, às 6 horas, mesmo que se tivesse deitado algumas horas mais cedo, depois de um baile ou de uma recepção. 'Talvez – diz Luchino Visconti – esteja aí minha lembrança mais cara; vejo ainda o reflexo da luz bruxuleante sobre o meu violoncelo. Sinto o peso leve da mão de minha mãe sobre meu ombro...' (Schifano, 1990, p. 60)

Entretanto, o paraíso da "família unida" cai por terra em 1924, quando os pais de Visconti decidiram por se separar, uma ruptura radical e definitiva. Muito provavelmente decorra dessa vivência a tematização ficcional que se desdobra em praticamente toda a obra cinematográfica de Visconti: o tema obsedante da desagregação de uma família. "Uma desagregação que acarreta fatalmente o declínio econômico da mesma, e que é explicada por uma crise interna, uma corrupção moral associada a uma doença mortal" (Schifano, 1990, p. 107). Não por acaso, portanto, Visconti elabora, nos anos de 1950, um projeto de filme, que não seria realizado, sobre a decadência da própria família, segundo a história de três gerações, uma espécie de *Buddenbrook* milanês (é bem conhecida a admiração viscontiana pela obra de Thomas Mann, de quem adaptaria a novela *Morte em Veneza*): uma queda da Casa que envolveria a dissolução das relações entre os membros da família e os novos acontecimentos do mundo das quais os personagens estariam separados por extenso fosso. A intimidade e a História...

Ugo Finetti, em ensaio sobre o tema da família na obra cinematográfica de Visconti, observa com acuidade:

> Assim *Il Gattopardo*, *Vaghe Stelle dell'Orsa* e *La Caduta degli Dei* são prioritariamente romances de uma família, recordações e pesadelos, desfazimento do núcleo originário, tragédia de uma 'bendição' que se transforma em 'maldição', isto é, a perda do sentido de missão conforme o qual a família havia sido constituída. (Finetti, 1969, p. 434)

O tema da família nos filmes de Visconti é complexo e pressupõe sempre crise interna e externa, destruição dos laços entre os parentes de sangue e crescente confronto entre uma prestigiosa tradição familiar e a sociedade na qual se inscreve e da qual vai se afastando:

> A família em Visconti é, portanto, tema fundamental como estrutura dramática e função estética. Essa é a cena de uma unidade originária que progressivamente se decompõe e se corrompe. A unidade torna-se assim sede de conflitos, representação de alternativas sempre mais drásticas que colocam em crise a família enquanto quintessência quase religiosa do mundo histórico e social [...] A história da família é portanto representação da crise e da queda de uma tradição, de um mundo, de um sistema de valores morais e relações sociais [...] O mundo fechado e autossuficiente serenamente ordenado segundo hierarquias e valores é arrasado e lançado fora [...] A unidade inicial não tem mais sentido: a crise e a decadência da família significa luta e desencontro em seu próprio interior. (Finetti, 1969, p. 435)

No caso específico de *Il Gattopardo*, é bastante reveladora, nessa perspectiva de destruição do contexto familiar, a cena do jantar na qual está reunida a família Salina, alguns convidados e Angélica, a filha do burguês Calogero Sedàra. Tancredi conta uma anedota maliciosa, que detona uma gargalhada de Angelica, a qual, por um momento, faz com que todos fiquem calados, surpresos com tamanha manifestação estridente: "a enorme risada de Angelica que, com sua vivacidade e sua vulgaridade, é o presságio de morte daquele mundo" (Ishaghpour, 1997, p. 183). No seio da reunião familiar, portanto, eclode o mau presságio, o gérmen da destruição está literalmente sentado à mesa com suas futuras vítimas, come do mesmo repasto.

São muito frequentes as cenas de jantar nos filmes de Visconti: reuniões de família em que não raro eclodem tensões subterrâneas que tendem a se exacerbarem no decurso da narrativa. Reuniões nas quais ocorrem desavenças que apontam para outras tantas, muito maiores, que se anunciam tragicamente para um futuro breve:

> A maior parte destas cenas [nas quais eclodem tensões e conflitos políticos e ideológicos] se situa em momentos cruciais de reunião familiar. Que também é desunião. Somente na unidade – dizia Aristóteles – a oposição é verdadeiramente dramática e a luta intestina. Reuniões de família que muito frequentemente em Visconti são um encontro de amor / ódio entre íntimos, mas também, em modo implícito ou explícito, um encontro entre posições políticas e históricas diversas. (Ishaghpour, 1997, p. 183-184)

A proveniência aristocrática e a obsessão pelo tema da decadência familiar são pontos de convergência com Lampedusa que fazem de Visconti um cineasta excepcionalmente vocacionado, por assim dizer, para realizar a adaptação de *Il Gattopardo*. Não foram poucos, aliás, que comentaram as semelhanças entre Visconti e o príncipe Don Fabrizio.[2] Mas, pensamos que, acima de tudo, há uma afinidade mais profunda, que diz respeito a uma sensibilidade extrema, por parte do escritor e do cineasta, em relação à passagem do tempo. Dois artistas, decerto não por acaso, leitores assumidamente apaixonados da obra de Marcel Proust! Sensíveis à passagem do tempo e à consequente erosão das coisas presentes – movimento temporal de acumulação de ruínas que souberam traduzir em imagens ficcionais soberbas. Schifano, que chamara a atenção para a infância viscontiana, dividida entre casas medievais

---

2. Entre eles, o próprio Burt Lancaster, que interpretou de modo extraordinário o papel do príncipe de Salina, e a quem se deve, por justiça, muito da força impactante do filme de Visconti. Conforme depoimento de Piero Tosi (*apud* Farinelli, 2015, p. 69), figurinista de *Il Gattopardo*: "Te conto uma coisa. Lancaster no início pedia conselhos sobre como interpretar o príncipe e recebia apenas respostas áridas. Depois, num dia, enquanto se vestia me disse: 'Faz uma semana que peço a Visconti para iluminar-me a respeito deste personagem. Mas sou propriamente um cretino: o príncipe eu o tenho diante dos olhos'. Doravante não perguntou mais nada, e a frieza inicial de Visconti com um ator talvez imposto pela produção se transformou em um grande amor."

e burguesas, diz ainda que Visconti era dotado de fina percepção da "cor de cada época":

> Desde a mais tenra infância, ei-lo familiarizado com a travessia dos séculos, cujas complexas estratificações tecem a espessa trama do Tempo. A prodigiosa sensibilidade em relação à cor de cada época, ao código perdido dos costumes e dos gestos, que suas encenações traduzirão mais tarde, não é nem o fruto de pesquisas eruditas, nem o efeito de uma vaga nostalgia: desde o nascimento, ele recebeu as chaves de um reino – o do Tempo. (Schifano, 1990, p. 73)

A sensibilidade em relação a cada distinta "cor de cada época" reverteu, em seus filmes e em encenações teatrais, como se sabe, numa observância meticulosa ao extremo da cenografia em todos os seus mínimos detalhes. A própria Schifano (1990, p. 275-276) oferece-nos um exemplo delicioso dessa característica:

> bastava que um detalhe imperceptível não estivesse dentro do esperado, e Visconti percebia logo. Tosi lembra-se ainda da explosão de raiva do diretor quando chegou de manhã cedo ao Fenice de Veneza, onde se rodava a cena inicial de *Sedução da Carne*: 'Quando ele viu que os homens usavam uma cartola negra, gritou para Escoffier e para mim: "Ignorantes! Imbecis!", porque, na época, em 1866, os homens que vinham à ópera usavam cartola cinza, e não negra. Foi uma grande lição para mim. Com ele, aprendi desde o início a cuidar de todos os detalhes... ele sabia exatamente a cor da época'.

Saber a cor da época é uma competência especial que só pode favorecer a realização de um filme como *Il Gattopardo*, cuja história se desenvolve quase que por inteiro na segunda metade do século XIX.

Um último pormenor dessas afinidades eletivas entre Lampedusa e Visconti, que merece destaque, e que tem a ver com o "reino do Tempo", é a visada aguda e também obsessiva para o fenômeno da morte. Vimos como *Il Gattopardo* é atravessado por signos de morte da primeira à última página. O escorpiano Visconti nasceu no dia 2 de novembro (dia dos Mortos), apenas um dia depois do dia de Todos os Santos, o que costumava interpretar como um "mau sinal", uma "escandalosa coincidência", que imporia a ele uma eterna luta contra forças destrutivas que sentia existirem dentro de si mesmo:

> Ao longo de toda a vida, interrogou a inquietante conjunção de astros no céu de seu nascimento, e quis exorcizar com sua arte as forças destruidoras ligadas à obscura melancolia dos dias de novembro, às festas outonais da morte e a tudo o que se associa geralmente ao signo de Escorpião: os tormentos infligidos e suportados, a atração dos abismos, a obsessão do tempo que declina e que destrói tudo consigo. (Schifano, 1990, p. 79-80)

E no que diz respeito aos filmes:

> Cada filme de Visconti pode aparecer como a história de um sacrifício, de uma apresentação de morte individual ou coletiva, como um Requiem e, acima de tudo, como celebração ritual e uma *mise en scène* [*messa in scena*] de uma Paixão [...] Nadia e Ludwig morrem na lama. O pó mumifica as faces dos Salina, a maquiagem escorre ao longo das bochechas de Aschenbach, os traços de Ludwig incham, os dentes apodrecem. Nenhuma das etapas da Paixão humana são poupadas a estas figuras duplamente vencidas que inspiram Visconti e às quais vêm infligidos sofrimentos, lacerações, vãs revoltas e confissões *ante mortem*. Nesta visão cristã a morte faz de fato cair as máscaras e desnuda. (Schifano, 1997, respectivamente, p. 220 e 228)

Lampedusa e Visconti, podemos concluir, afinam-se perfeitamente na sensibilidade referente à passagem do tempo, ambos miram com afinco a ação da morte e a produção de ruínas, e também ambos lançam um olhar preferencial para a decadência de determinadas e prestigiosas tradições de família. Descendentes da aristocracia, conhecem seus rituais a fundo, passaram a infância em palazzi faustosos, cercados de mimos maternos, música clássica, livros, esculturas, pinturas. Mas, sobretudo, esses dois proustianos afinavam-se no desejo comum de *fazerem frente* à passagem do tempo, de se apegarem às "recordações vitais" e, por meio delas, manterem viva uma certa memória, contra a devastação do tempo e da morte, uma busca do tempo perdido que, afinal, se consubstancia nas criações artísticas legadas.

Do ponto de vista ideológico, entretanto, o assumido comunista[3] Visconti, nutrido da crítica de seus companheiros de Partido, realmente pretende *corrigir* o romance de Lampedusa, impondo-lhe uma guinada à esquerda em direção à História italiana e à participação popular no *Risorgimento*. Ainda em 1962, antes do início

---

3. A defesa do programa comunista é declarada, conforme, por exemplo, testemunho seu publicado no jornal do Partido, o *Unità* (com a Liberação no pós-guerra, o PCi conseguiu sair da clandestinidade): "É um programa, aquele comunista, que se afina com uma visão da vida e aspirações que trago em mim há muito tempo: de justiça, de honestidade, de equidade de relações humanas, de direito à vida através do trabalho" (Visconti *apud* Anile; Giannice, 2014, p. 110). O livro de Anile e Giannice foi de fundamental importância para a redefinição de nossos objetivos críticos a partir de nossa pesquisa realizada em Bologna, tanto na universidade quanto, no que se refere a Visconti, na Cineteca da cidade. Trata-se de obra muito bem documentada, que explora as versões preliminares do roteiro de *Il Gattopardo*, as modificações que foram feitas pelo diretor na execução do filme, mais entrevistas e um farto – e muito saboroso – conjunto de informações referentes aos bastidores das filmagens, envolvendo atores, auxiliares, as dificuldades para que a equipe conseguisse realizar todas as vontades cenográficas do exigentíssimo Visconti, brigas, fofocas, guerra de vaidades e vaidades feridas... Como propõe o subtítulo, o eixo do trabalho dos críticos italianos é explicar como Visconti transformou um romance supostamente de "direita" num filme reconhecido como um sucesso de "esquerda". A análise dos autores deixa claro que a proposta inicial de Visconti de "corrigir" o romance vai sendo implodida mais e mais conforme o cineasta – no final das contas, ele mesmo um aristocrata – vai se identificando cada vez mais com o ambiente representado no romance, e, em especial, com a figura do príncipe de Salina. Aprofundaremos esse ponto nas páginas que seguem. O livro de Anile e Giannice não tem qualquer propósito de destacar a questão dos ambientes e objetos – somos nós que tomamos o estudo realizado pelos críticos como um ponto de partida possível para essa reflexão, dado que, em grande medida, nota-se que Visconti modifica sua intencionalidade inicial na justa medida em que reconhece o mundo de Don Fabrizio (entendido aqui de forma muito material, envolvendo a descrição de palazzi suntuosos, por exemplo) como *o seu próprio mundo de origem*.

das filmagens, às voltas com sua equipe na elaboração do roteiro do filme (além do próprio Visconti, assinam o roteiro Suso Cecchi d'Amico, Pasquale Festa Campanile, Enrico Medioli e Massimo Franciosa), faz a seguinte declaração de princípio:

> Não sei ainda o exato trilho sobre o qual correrá o meu *Gattopardo* [...] O nome me fascina por si mesmo, como um aroma forte de odores e sensações. No entanto me deixarei guiar pela improvisação do momento, mas o que tenho em mente de tratar a fundo é *a não aceitação do imobilismo histórico de Lampedusa*, estagnado na contemplação de uma sociedade barroca e preguiçosa, ocupada em passar as jornadas nos ângulos sombreados dos pórticos abafados, no quadro oleográfico da terra seca queimada pelo sol. Eu quero que os meus personagens sofram, debatam-se, tornem vital cada momento de suas vidas e não que estejam deitados de costas a suar de sensualidade contínua. (Visconti *apud* Anile; Giannice, 2014, p. 141-142, grifo nosso)

Declaração viscontiana que parece ecoar – como bem notam Anile e Giannice – o ensaio de Sciascia já aqui comentado, no qual se acusa Lampedusa de cometer um "vício de abstração geográfico-climática" na representação da Sicília, conforme se poderia depreender das palavras de Don Fabrizo a Chevalley.

Para afastar o perigo do "imobilismo histórico", ou seja, não repetir a falha ideológica do romance no filme, Visconti se cerca de algumas providências. Por exemplo, cogita-se, nas primeiras versões do roteiro,[4] numa aparição de Garibaldi, líder do *Risorgimento*,

---

4. Cabe notar que, em geral, assuntos e roteiros eram lidos antecipadamente pelo intelectual e político comunista Antonello Trombadori, leitura em princípio, como sugerido por ele mesmo, mais de amigo pessoal de Visconti do que de intelectual orgânico filiado ao PCi. As relações do cineasta com o Partido são naturalmente complexas. O filme *La Terra Trema* (1948), por exemplo, foi inicialmente financiado pelo PCi, materializando-se um velho sonho verghiano de Visconti e Alicata, transpondo-se a narrativa de *I Malavoglia* para uma comunidade de pescadores sicilianos no imediato pós-guerra; *Rocco e i suoi Fratelli* (1960) foi amplamente defendido pela crítica marxista e aclamado como uma grande obra de arte (lembrando que o filme se conclui com as palavras de Ciro, espécie de operário exemplar sedento de dignidade e justiça, para seu irmão mais novo, Lucca, numa

cuja voz seria ouvida fora de campo por ocasião de sua batalha em Aspromonte com o coronel Pallavicino, da qual saiu com uma perna ferida. Essa estratégia de "historicizar" o *Gattopardo* com a presença do herói revolucionário é, no entanto, abandonada.

Outra cena roteirizada, e que chega a ser filmada, mas que não é incorporada ao filme, seria a de uma pancadaria entre os camponeses e soldados chamados por Calogero Sedàra para reprimi-los. Aliás, é contra don Calogero, inimigo número um do príncipe de Salina, que se insurgirá também a ira de Visconti. O cineasta inspira-se no protagonista de *Mastro-don-Gesualdo*, de Verga, um trabalhador braçal que ascende socialmente casando-se com uma mulher nobre, transformando-se num burguês ávido por dinheiro, para dar vida cênica ao pai de Angélica. Observe-se que Verga é escritor amado por Visconti e funciona, nesse contexto, como uma sorte de "antídoto" contra o reacionarismo político de Lampedusa.

A cena com os camponeses, como dito, embora filmada, também não é aproveitada, sendo substituída por uma simples e veloz mudança de enquadramento quase ao fim do filme: a câmera deslizando dos trabalhadores braçais do campo para a entrada do palazzo Ponteleone, onde se inicia o grande baile dos aristocratas ao som da valsa verdiana. A mensagem é clara: enquanto uns trabalham duro na enxada, outros se divertem, às custas da exploração do suor alheio.

Talvez a grande mudança em relação ao romance, contudo, esteja factualmente, no que diz respeito a essas tentativas de transformar um romance de direita num filme de esquerda – a dita *operazione gattopardo* –, na *maior visibilidade* que Visconti

---

antevisão de um futuro de igualdade social: "Eu sei que amanhã a tua vida será mais justa e mais honesta"). Com relação ao *Gattopardo*, toda a elaboração do filme foi acompanhada de perto por intelectuais ligados ao PCi, que fizeram, inclusive, visitas ao *set* de filmagens em Palermo, caso de Leonardo Sciascia; no entanto, logo ficou claro para todos que Visconti era, em última instância, um artista impossível de controlar e que jamais abdicaria de sua integridade artística, jamais sacrificaria ideais estéticos arraigados em nome de qualquer programa político, ainda que este contasse com sua mais irrestrita simpatia.

deu à revolução, mostrando cenas campais de batalhas nas ruas de Palermo. A revolução dos garibaldinos, definida pelo príncipe de Salina como "uma comédia ruidosa e romântica com algumas manchas de sangue no traje burlesco" (Tomasi di Lampedusa, 2014, p. 55), e que é mencionada, por assim dizer, como algo que acontece sempre à distância segura do príncipe, sem que haja nenhuma descrição literária de batalhas, é tornada visível no filme, o esforço revolucionário que implica sangue e mortes é trazido para mais perto da experiência do espectador.

São intervenções modificadoras de Visconti em seu diálogo crítico com o livro, importantes certamente, mas não de grande relevância considerando-se o filme como um todo. O que prevalecerá mesmo é o fascínio do cineasta pelo mundo aristocrático representado no romance e pela figura excepcional de Don Fabrizio. Se Visconti era reconhecido por alguns como o "conde vermelho", dada sua ligação com o PCi, é mais propriamente como conde, sem o adjetivo de conotação política, que ele filmará *Il Gattopardo*.

Alberto Anile e Maria Giannice sugerem que o texto de Lampedusa "se rebela contra sobreposições e intrusões" (Anile; Giannice, 2014, p. 142) dos roteiristas, incluindo o próprio Visconti:

> O romance de Lampedusa se rebela à tenaz que Visconti queria impor-lhe. A narrativa é construída como um mecanismo perfeito, inatacável, que se recusa a se submeter às intenções dos roteiristas: a estrutura do livro reage à superestrutura do *script,* os enxertos arriscam a cada momento de serem rejeitados, como em um transplante fracassado. (Anile; Giannice, 2014, p. 147)

De um lado há, portanto, essa *resistência* da narrativa romanesca às modificações e acréscimos que lhe querem impingir, digamos, "de fora". Mas, por outro lado, algo de muito profundo e significativo ocorria com o cineasta em suas conversações particulares, absolutamente íntimas, com o fantasma do príncipe-escritor Giuseppe Tomasi di Lampedusa. Um mundo do passado, de seu passado familiar, vinha à tona à medida que Visconti reconstruía, no *set* de filmagem, o ambiente concreto do príncipe siciliano:

> O faustoso *set* do *Gattopardo* está tendo um efeito imprevisto. Sob o olhar carrancudo de Visconti, o passado se está fazendo presente, a literatura torna-se realidade, o cinema se amalgama a nostalgias familiares. 'As [suas] mãos se demoravam com ternura nos nós de flores rococós', conta Romolo Valli a um cronista, 'roçavam os rendilhados feitos a mão, as sedas azuis dos sofás, os pesados espelhos dourados. No seu olhar havia o desespero de quem reconstrói na memória um mundo que lhe foi caro'. (Anile; Giannice, 2014, p. 187)

Nessa perspectiva, Visconti vê-se às voltas com a difícil tarefa de conciliar "distanciamento crítico e aflições autobiográficas, as sugestões de um mundo que havia sido também o seu e que somente ele tinha condição de compreender a fundo" (Anile; Giannice, 2014, p. 187).

A intencionalidade inicial, de dar maior relevância à participação popular nas lutas pela Itália unificada, vai cedendo passo à medida que Visconti se deixa seduzir pelo príncipe de Salina mais e mais:

> Malgrado as intenções programáticas expostas pelo diretor, a parte 'ideológica' perde evidência, o povo recua cada vez mais para o fundo, enquanto emerge na sua complexidade a figura dolente e cética de Don Fabrizio, que está entrando sob a pele de Visconti. (Anile; Giannice, 2014, p. 187)

Doravante, Visconti não se deixará mais guiar tanto pelos conselhos dos amigos comunistas, como Mario Alicata e Leonardo Sciascia, mas estará cada vez mais receptivo às sugestões vindas do próprio romance de Lampedusa.

Il Gattopardo de Visconti, conforme avançam as filmagens, torna-se cada vez mais *pessoal* num sentido muito bem definido: a famosa cena do baile, por exemplo, possui uma beleza que – para além de qualquer intenção política – materializa "nostalgias autobiográficas (...) lembranças familiares nas quais a decadência da nobreza milanesa do pré-guerra se sobrepõe àquela da aristocracia palermitana de 1860" (Anile; Giannice, 2014, p. 211).

Assim sendo, podemos afirmar que se deu no encontro Lampedusa/Visconti propriamente o encontro de dois *nostálgicos* que se esforçaram para trazer à vida presente um mundo para sempre perdido, mas que *falava* ainda aos sentimentos de ambos nos respectivos momentos de criação artística. Como visto, é no *set* de filmagem, na reconstrução cenográfica de ambientes e objetos atinentes ao príncipe de Salina, que Visconti é bombardeado por dilacerações autobiográficas, pelas suas próprias "recordações vitais".

Passaremos, na segunda parte deste capítulo, a examinar justamente a particularíssima atenção dada pelo cineasta italiano aos cenários de seus filmes. A obsessão viscontiana pela precisão na reconstrução de cenários históricos já vinha de antes de *Il Gattopardo*, mas é, sem dúvida, neste filme que ela alcança o seu ápice, o que haveria de render muito trabalho à sua equipe de auxiliares, e, ao espectador, a oportunidade de adentrar, como convidado de honra, no mundo restrito daqueles que foram os aristocratas, os leões, os leopardos sicilianos, o "sal da terra" de um período faustoso e extinto.

Il Gattopardo no cinema: uma cenografia faustosa

Começamos com uma anedota narrada pelo crítico e biógrafo de Visconti, Gianni Rondolino. Trata-se, precisamente, de um depoimento de Michelangelo Antonioni sobre Luchino Visconti. O célebre diretor da "trilogia da incomunicabilidade" colaborava com Visconti, no imediato pós-guerra, na elaboração de um roteiro para o filme *Processo de Maria Tarnowska*, que afinal acabou não sendo realizado. O que nos conta Antonioni:

> Um dia devíamos roteirizar justamente a *Tarnowska* al Des Bains, e os criados que lhe serviam o café da manhã. Luchino disse: avante, segundo vocês o que vai sobre a bandeja? E eu: ninguém pode sabê-lo melhor que você, Luchino. Esta é uma cena que você deve escrever. Escreveu doze páginas. Somente um mitteleuropeu aristocrático como ele poderia indicar as porcelanas, os *toasts*, a manteiga, a faquinha da manteiga, as geleias, as flores, as pratarias que estariam sobre a bandeja. Foi sempre um grande decorador. Mas nesse caso tanta meticulosidade era essencial, *se errasse os objetos na bandeja errava o filme*. (Antonioni *apud* Rondolino, 2009, p. 6, grifo nosso)

Agudíssima observação de Antonioni, que aproxima a obsessão viscontiana com a pertinência histórico-cultural de ambientes e objetos e o resultado fílmico como um todo. Com efeito, errar nos ambientes e seus objetos seria, para Visconti, nada menos que errar o próprio filme (*en passant*, observemos que o mesmo poderia, sem dúvida, ser afirmado em relação a Lampedusa, trocando-se as linguagens artísticas: para o príncipe-escritor, errar nos objetos seria errar o próprio romance, cujo motor de partida, não por acaso e conforme foi demonstrado, são as casas perdidas ao longo da vida).

Como bem sugere Rondolino no ensaio acima citado, deve-se compreender a "cenografia como direção" em Visconti. Nele, o aspecto cenográfico se torna o ponto fulcral da narrativa. Há uma relação visceral (e inextricável) entre personagens e cenários:

não há dúvida de que o trabalho de diretor, para ele, não podia prescindir daquele do cenógrafo, propriamente no sentido de um estreito vínculo entre a caracterização das personagens e o ambiente no qual agem: ou melhor, de uma derivação daqueles caracteres diretamente do ambiente, centro motor da ação cênica e lugar de conflitos dramáticos. (Rondolino, 2009, p. 6)

Para Visconti, a descrição minuciosa do ambiente torna-se fundamental, pois é ela que deverá consagrar a intencionada funcionalidade dramatúrgica. Nessa perspectiva, colocar em cena um drama significa, antes de tudo, colocá-lo numa dimensão cênica, isto é, dentro de um lugar cenográfico. E se pensamos no caso específico do *Gattopardo*, vale lembrar que, segundo o próprio cineasta, recontar por imagens o ambiente excepcional em que se desenrola a história da família Salina sempre foi um elemento inspirador para a realização do filme.

Durante as filmagens, corriam fofocas acerca dos imensos gastos que Visconti estaria despendendo para a recriação dos cenários aristocráticos. Fofocas que faziam a delícia dos jornalistas de plantão à época. O cineasta chega a rebater, de modo divertido, tais comentários em torno da questão orçamentária:

> De resto nós estamos acostumados. Visconti, se sabe, pede sempre a lua. Ao contrário, eu jamais solicitei coisas inúteis, jamais joguei fora um cenário depois de tê-lo feito construir, algo comum para tantos outros diretores. Certo, pretendo tudo aquilo que me serve para dar aos ambientes um caráter de verdade. Posteriormente, no filme se reencontra. Se filmo uma história como aquela de *Rocco* tenho menos exigências, de fato faço um filme gastando pouco mais de meio bilhão [de liras]. *Mas aqui é preciso recriar um mundo faustoso, e cada objeto serve para fazer compreender uma certa maneira de viver. Então torna-se importante mesmo um peso de papel sobre a mesa.* (Visconti apud Anile; Gianicce, 2014, p. 186, grifo nosso)[5]

---

5. Há um excelente documentário dirigido por Giuseppe Tornatore, *L'Ultimo Gattopardo* (2010), que traça a figura de Goffredo Lombardi, empresário do cine-

Vejamos como, de modo concreto, por meio do trabalho da equipe de produção, Visconti recria o "mundo faustoso" dos Salina. Para tanto, recolhemos aqui algumas informações compiladas por Tommaso Cima no livro que apresenta o roteiro de *Il Gattopardo*. Cima escreve o capítulo intitulado "A Realização", contando com a colaboração, em forma de depoimentos, do realizador do filme Pietro Notarianni, dos diretores de produção Enzo Provenzale e Giorgio Adriani, do cenógrafo Mario Garbuglia, dos decoradores Giorgio Pès e Domietta Hercolani, do figurinista Piero Tosi, do operador Giuseppe Rotundo, do músico Nino Rota, dos assistentes de direção Rinaldo Ricci e Albino Cocco.

Para começar a avalanche de pessoas que atingiu Palermo no mês de maio de 1962, logo engrossada por elementos locais necessários ao trabalho:

> A *troupe* era composta de cerca de duzentas pessoas, às quais vieram juntar-se 20 eletricistas, 150 operários para as construções, 120 entre maquiadores, cabeleireiros, costureiros para a cena do baile (para a qual acorreram também 15 floristas e 10 cozinheiros). (Cima, 1963, p. 154)

Cima observa com acuidade que *Il Gattopardo* é a história de "uma transferência de poder, do fim de uma casta dominante que tem o culto do refinamento e da elegância como única coisa pela qual vale a pena viver" (Cima, 1963, p. 157). Quando chega à Sicília, entretanto, a equipe viscontiana logo percebe que, à parte

---

ma, proprietário da casa de produção cinematográfica Titanus, que financiou a filmagem de *Il Gattopardo*. Como mostra o documentário, os gastos com o filme dirigido por Visconti aprofundaram de forma dramática a já combalida situação econômica da Titanus, que, por muito pouco, não declara falência logo após o lançamento do filme. Empresário com refinado gosto artístico, verdadeiro amante da arte cinematográfica, Goffredo Lombardi arriscou tudo (ainda que tentando controlar os gastos do diretor ao longo das filmagens, sem jamais lograr sucesso) para que *Il Gattopardo* saísse a contento, conforme as exigências de Visconti, e demonstrou grande orgulho quando assistiu ao filme concluído, reconhecendo-o imediatamente como uma obra-prima da cinematografia italiana. O documentário de Tornatore está disponível em DVD.

o natural desgaste ocasionado pelo tempo sobre lugares e moradias, Giuseppe Tomasi di Lampedusa certamente também havia idealizado os ambientes descritos em seu romance:

> Particularidade curiosa, achou-se que o autor do romance havia idealizado um pouco aqueles lugares, tornando-os com a fantasia mais ricos e majestosos do que eram em realidade. Na reconstrução, Visconti ateve-se, como era óbvio, às descrições do livro, operando em muitos casos o processo de ampliamento fantástico realizado pelo escritor. (Cima, 1963, p. 157)

A informação de Cima é preciosa no que se refere à questão do ficcional. Ele nota que Lampedusa idealizara "com a fantasia" os lugares descritos no romance (bem como, podemos acrescentar, também idealizara a figura de seu bisavô, que, no romance, torna-se o príncipe de Salina, conforme o próprio escritor reconhece em sua carta ao amigo Enrico Merlo, a que já nos referimos mais de uma vez). A recriação de Lampedusa, sem dúvida voltada para uma pretendida *descrição realista* dos ambientes aristocráticos, notoriamente depende da voltagem poética, da inventividade do discurso ficcional para sua rentabilidade estética. Interessantíssimo é o que se segue: Visconti recobre a idealização do escritor com nova idealização cenográfica: na boa expressão de Cima, concretiza um "ampliamento fantástico" dos achados literários do escritor. E aqui também não há dúvida de que a idealização do diretor se estende também ao personagem de Don Fabrizio: o seu príncipe nos parece ainda mais sensato, altaneiro e refinado que seu par literário.

Vejamos mais algumas informações dadas por Cima que comprovam a grandiosidade e o rigor do trabalho da equipe de produção viscontiana:

- O palazzo do príncipe em Palermo é recriado na Villa de Boscogrande: uma vintena de pintores é convocada entre Palermo e Roma para pintar o afresco do teto do salão central, conforme descrito no romance, concluindo-se a obra (que se estende por duzentos metros quadrados) no tempo recorde de quinze dias.

- Donnafugata é recriada na cidadezinha de Ciminna em quarenta e cinco dias de árduo lavor com muitas dificuldades operacionais (do transporte de tubulações à obtenção de gesso de qualidade); a própria praça do lugar, com a igreja ao fundo, foi, em grande parte, refeita, liberando-a, por exemplo, de um asfalto moderno para reconduzi-la a uma pavimentação mais rústica.

- Como Lampedusa dedica uma página de seu romance à descrição das estupendas rosas da Sicília, e naquele tórrido mês de julho nenhuma planta se encontrava na ilha à disposição da equipe, as rosas para o jardim e para os terraços eram compradas e expedidas da distante Roma.

- O trabalho dos decoradores começou muitos meses antes do início do filme, e consistiu inicialmente numa acurada pesquisa de móveis, quadros, tapeçarias de época com que adornar os palazzi principescos. O filho adotivo de Lampedusa, Gioacchino Lanza Tomasi (que aliás faz uma breve aparição na cena do baile) auxiliou enormemente a equipe no que se refere a isso. Das fabulosas coleções do palazzo Lanza di Mazzarino, da família de Gioacchino, veio precisamente boa parte dos móveis, camas, tapeçarias e carpetes que decoram os ambientes internos nos quais se filmaram muitas cenas, e também serviços de prato, talheres e cristaleiras que se veem no faustoso baile.

- As cortinas, elemento importantíssimo da decoração dos palazzi sicilianos, foram realizadas com material riquíssimo sobre modelos que o decorador Giorgio Pès desenhou inspirando-se nos originais de época.

- A cópia do quadro *A Morte do Justo* de Greuze, que o príncipe contempla na biblioteca do seu amigo Ponteleone, foi realizada conforme o original que se encontra no Louvre; o quadro descrito no romance (*Arturo Corbera no assédio de Antioquia*), que Angelica e Tancredi encontram em sua exploração dos ambientes abandonados de Donnafugata, foi pintado por uma experiente miniaturista sobre uma tela antiga e com procedimentos de época.

- Durante a viagem do príncipe e seus familiares para Donnafugata, cruzando as estradas sicilianas com charretes, dado que os terrenos eram de fundo rochoso e, portanto, privados de pó, despejou-se neles caminhões e caminhões de terra seca para se conseguir a poeira desejada por Visconti. Quando a família chega à Donnafugata estão completamente cobertos de pó, "mumificados", símbolo evidente de uma classe que entra em descenso e morre aos poucos.

Os figurinos são uma história à parte. Ficaram sob responsabilidade de Piero Tosi, talentosíssimo colaborador de Visconti no *Gattopardo* e em outros filmes, como *Belíssima* (1951) e *Morte em Veneza* (1971). A importância do trabalho do figurinista na caracterização das personagens é destacada por Tommaso Cima (1963, p. 162-163):

> Para Piero Tosi o desenho que ele dá a um traje tem acima de tudo um valor de impostação, por assim dizer, dos caracteres da personagem; o traje é definido durante a realização prática, que pode também trazer surpresas: um acessório pode sugerir por vezes mudanças importantes, como podem sugerir a visão de um tecido, um novo avizinhar-se de

tintas que melhor se adaptem ao ator ou talvez à decoração. Por esta razão o trabalho de Tosi não termina, mas começa com o desenho do modelo e prossegue no *set*, com intermediação do ateliê de costura.

Cabe frisar o cuidado de Tosi com o detalhe mais mínimo (mas, de forma alguma, insignificante):

> Cada detalhe inerente ao traje foi cuidado a tal ponto que, como foi dito no início deste capítulo, para obter uma cor apagada, o tom de um tecido desgastado pelo consumo, as camisas vermelhas dos garibaldinos foram imersas em um banho de chá, estendidas por horas e horas sob o sol escaldante, enterradas sobre a terra, e desenterradas para recomeçar o procedimento do início. (Cima, 1963, p. 163)

O próprio Piero Tosi, em depoimento de 2006 sobre o seu trabalho de figurinista, frisa também a importância do cuidado com o detalhe:

> Quando devo reconstruir um período histórico, uma atmosfera, em primeiro lugar devo saber o que aconteceu naquele período. É preciso ler e fazer pesquisas. Mas ler não é o suficiente. Para enriquecer o meu conhecimento de um determinado período, eu devo desenhar detalhe por detalhe para compreender o gosto do período. Eu desenho os detalhes. (Tosi *apud* Farinelli, 2015, p. 68)

Especificamente em relação ao *Gattopardo*, Tosi relembra um desejo de Visconti, que, para ele, também foi um grande ensinamento profissional:

> O desejo de Visconti era um somente: ter gente viva, verdadeira, de frente à câmera. A roupa não como elemento exterior, decorativo, mas vida. Nada de desfile de modelos, nada de estupores de caprichos de cores ao ingresso da primeira dama. Assim nós nos impusemos sublinhar primeiramente os sentimentos, depois a casca das personagens. (Tosi *apud* Farinelli, 2015, p. 30)

Para concluirmos essa pequena listagem de medidas concretas para a elaboração minuciosa da cenografia em seus diversos aspectos (lugares, móveis, objetos, figurinos etc), é pertinente colocar em destaque a cena do baile, dada sua incomparável beleza e suntuosidade. Como se sabe, ela é longa, estende-se por um terço da duração total do filme (praticamente um filme dentro do filme). No romance, o baile é integralmente descrito no capítulo seis, que não tem mais que 21 páginas (cf. Tomasi di Lampedusa, 2014, p. 211-232). Na sequência, há mais dois capítulos: o sétimo, que descreve a morte do príncipe, e o oitavo, último, que opera um salto temporal de 1883 a 1910 e narra a velhice amargurada de Concetta.

Na reinterpretação cinematográfica de Visconti, os dois últimos capítulos do romance são eliminados e o filme é concluído com a cena do baile, mais precisamente, com a volta para casa, finda a festa, do príncipe de Salina. Visconti deu uma importância ao baile, portanto, que não encontra paralelo na fonte literária. Numa entrevista cedida a Antonello Trombadori, o diretor fala acerca de sua decisão de finalizar o filme com o baile:

> Eis que aqui retorna o problema da verdadeira relação entre cinema e narrativa, entre o filme e a obra já realizada. Eu senti que tudo aquilo que no romance se desenvolve além do nexo 1861-62 eu poderia antecipá-lo e detê-lo graças à linguagem do cinema, exatamente naquele arco do tempo, recorrendo, naturalmente, a uma imposição expressiva, a uma dilatação hiperbólica dos tempos do baile na casa Ponteleone; não tanto no sentido de uma modificação deles em relação ao texto escrito, mas sim no sentido de sublinhar tudo aquilo que aquelas admiráveis páginas contêm de simbólico e de síntese dos diversos conflitos, dos diversos valores e das diversas perspectivas possíveis dos acontecimentos narrados. (Visconti *apud* Trombadori, 1963, p. 26)

Em outra entrevista, muito aguda e esclarecedora, Visconti dirá que a longa duração da cena do baile é estruturalmente necessária a seu objetivo de dar conta, por meio dela, do "desfazimento" daquela sociedade descrita por Tomasi di Lampedusa. Leia-se:

> A verdade é que aquela cena era necessária à estrutura interna do filme precisamente na sua aparente desproporção. São 40 minutos que ali representam infinitivamente mais [...] Na festa dos Ponteleone deve transcorrer a mesma dimensão temporal que se respirava nos *Guermantes*, o mesmo desfazimento de uma sociedade, e os mesmos sobressaltos por não transmitir as ordens... O príncipe, naqueles 40 minutos, envelhece exatamente daqueles vinte anos que separavam no livro o sexto do sétimo capítulo. (Visconti *apud* Anile; Gianicce, 2014, p. 210)

E que cena magnífica! Seguramente, nada é tão admirável ao acaso: na filmagem do baile, as exigências cenográficas do diretor alcançam o seu ápice, são elevadas à máxima potência. O baile é filmado no esplêndido palazzo Gangi em Palermo. Registremos algumas informações para ilustrarmos concretamente o que estava em jogo ali:

- Naquele tórrido agosto de 1962, filmava-se à noite, geralmente das 22h até o amanhecer. Ainda assim, a temperatura noturna andava em torno de 35 graus. E o mais impressionante: a sequência precisou de 36 noites seguidas para ter suas filmagens concluídas!

- Diz-se que Claudia Cardinale (que usa um vestido feito de organza de Dior *a pois* prata e ouro sobre onze estratos de tule) carregava consigo um libreto de baile original de 1850 e um lenço também de época.[6]

---

6. Essa informação coaduna-se perfeitamente com uma observação feita por Umberto Eco (2013, p. 18): "Dizem que Luchino Visconti fazia algo semelhante em seus filmes. Quando o roteiro exigia que dois personagens falassem de uma caixa de joias, ele fazia questão de que a caixa, embora nunca fosse aberta, real-

- Tosi e seus assistentes precisaram vestir e pentear, durante os 36 dias, mais de 250 pessoas, entre cavalheiros, damas, serviçais, militares, musicistas.

- As mesas foram aparelhadas com baixelas e talheres preciosos, provenientes de coleções famosas de Palermo.

- Visconti desejava que os convidados do baile fossem representados, dentro do possível, por nobres autênticos, isto é, pelos descendentes diretos daqueles descritos por Lampedusa. Os nobres sicilianos, após alguma hesitação inicial, decidiram participar da encenação e alguns pareciam tomados de verdadeira excitação heráldica: como se se ter um parente no baile do *Gattopardo* constituísse uma espécie de reconhecimento social.

- Na longa sequência, alternam-se várias danças acompanhadas de músicas compostas por Nino Rota e conduzidas por Franco Ferrara: uma mazurca, uma polca, uma quadrilha, uma farândola. O ponto culminante do baile é a valsa com Angelica e Don Fabrizio. Aí o acompanhamento musical é uma peça inédita de Giuseppe Verdi – uma valsa para piano de 1859. A partitura havia sido comprada por Mario Serandrei, montador do filme, em uma livraria antiquaria romana e, posteriormente, presenteada a Visconti.

- Sob o peso de quatrocentas pessoas, refletores, geradores e câmeras frigoríficas, o velho palazzo Gangi ameaça ceder e a produção precisa intervir para reforçar seus alicerces.

---

mente contivesse joias autênticas. Do contrário, os atores representariam com menor convicção".

- Concluídas as filmagens, Visconti e Serandrei se fecharão numa sala de montagem para dar conta do material obtido. Foram impressionados nada menos que 269.112 metros de película, o equivalente a uma projeção de 162 horas. Às voltas com esse material abundantíssimo, a dupla realiza uma primeira montagem do baile com duração de 4 horas, mais que o filme todo em sua versão definitiva.[7]

Vistas essas informações sobre os cuidados de Visconti com a cenografia, o seu extremo cuidado com a precisão histórico-cultural na reconstituição dos ambientes da nobreza siciliana, sem jamais descurar dos efeitos estéticos de tal reconstituição cenográfica,[8] podemos retomar em termos teóricos a questão, para finalizarmos nosso tópico dedicado ao filme.

Em seu texto intitulado "Cinema Antropomórfico", originalmente publicado em 1943 na revista *Cinema*, e provavelmente o mais conhecido e citado dentre seus textos de reflexão teórica, Visconti (1977, p. 34, grifo do autor) declara o seu interesse por um cinema que tenha o homem como seu foco principal, o homem em toda sua grandeza e miséria, qualidades e defeitos: "Levou-me ao cinema sobretudo o empenho de narrar histórias de homens vivos: de homens vivos entre as coisas, não as coisas em si mesmas. *O cinema que me interessa é um cinema antropomórfico*".

Sobre a relação entre os homens e as coisas que os cercam, esclarece ainda:

---

7. Informações recolhidas em Cima (1963) e Anile e Gianicce (2014).
8. Um último exemplo a que não nos furtamos, porque tão revelador quanto saboroso. No *making off* de *O Leopardo*, que consta como extra no DVD duplo lançado pela Versátil Home Vídeo no Brasil em 2011, há um depoimento da roteirista Suso Cecchi D' Amico. Diz ela que Visconti escolhia excelentes colaboradores para a execução da cenografia, mas que absolutamente nada era decidido de forma definitiva sem antes passar por seu crivo e aprovação. Nenhum mínimo detalhe lhe escapava...: "Luchino cuidava de tudo. Escolhia colaboradores extraordinários, mas mesmo as escolhas feitas por esses extraordinários colaboradores eram reexaminadas por ele. Não havia um objeto sobre uma mesinha que ele não tivesse examinado. 'Acha que o príncipe teria escolhido isto? Fora!'"

A experiência realizada me ensinou sobretudo que o peso do ser humano, a sua presença, é a única 'coisa' que realmente preenche o fotograma, que o ambiente é criado por ele, pela sua presença viva, e que das paixões que o agitam aquele adquire verdade e relevo; enquanto que até mesmo a sua momentânea ausência do retângulo luminoso reconduzirá cada coisa a um aspecto de natureza não animada. O mais humilde gesto do homem, o seu passo, as suas hesitações e os seus impulsos sozinhos dão poesia e vibração às coisas que os circundam e nas quais se enquadram. Toda solução diversa do problema me parecerá sempre um atentado à realidade como ela se desenrola diante de nossos olhos: feita pelos homens e por eles modificada continuamente. (Visconti, 1977, p. 35)

Nessa linha de argumentação, Visconti (1977, p. 35) conclui dizendo que seria capaz de fazer um filme diante de um muro... desde que, em sua maciça matéria bruta, fosse capaz de reencontrar e narrar os "dados da verdadeira humanidade dos homens". Resta claro pela argumentação que são os homens que *animam* os ambientes nos quais estão inseridos. Por outro lado, fica igualmente elucidado para nós que, sem o ambiente concreto, também os homens perderiam a *vivacidade* que se realiza justamente na *interação* entre a alma humana, os ambientes e as coisas.

Em consonância com a reflexão do cineasta, podemos relembrar aqui a teorização de James Hillman em torno da *anima mundi* e sua crítica à concepção de um "sujeito transcendental" que se constituiria independentemente do lugar concreto que ocupa no mundo físico. É próprio da natureza humana apegar-se à matéria, ela deseja a matéria, à qual anima e é por ela animada:

> Então percebemos que aquilo que a psicologia determinou chamar 'projeção' é simplesmente animação, à medida que esta ou aquela coisa ganha vida, chama nossa atenção, nos atrai [...] *A alma do objeto corresponde ou une-se à nossa*. (Hillman, 2010, p. 90, grifo nosso)

Conforme a exposição de Hillman (2010, p. 93), a alma do mundo é inseparável da alma do indivíduo, uma sempre implica a outra. E a isto ele chama "uma visão ampliada da realidade psíquica". Em um belo texto em que reflete sobre um jardim japonês visitado em Quioto, o filósofo e psicólogo novamente se debruça sobre os laços inextricáveis entre alma e mundo. Diz que, percorrendo os caminhos do jardim, sente-se envolto por um "campo psíquico" de forma muito palpável: "A interioridade do jardim, ao invés, é completamente objetiva e manifesta. Nós estamos e nos movemos dentro dele propriamente como nos movemos dentro de um sonho, que nos abraça e nos compreende nas suas imagens" (Hillman, 2005, p. 150).

Estar no jardim, diz, é como estar num templo grego, onde nos sentimos circundados por um campo psíquico no qual submergimos. O corpo passeia pelo jardim que é, ele próprio, alma: mundo almado, *anima mundi*. O lugar onde o sujeito se encontra *revela* o sujeito (tal inferência, acrescentemos por nossa conta, é tão viscontiana, está tão presente em cada um de seus filmes!): "Para conhecer a si mesmo no jardim do mundo é necessário estar, fisicamente, no mundo. *Onde estás revela quem és*" (Hillman, 2005, p. 150, grifo nosso). O sujeito, por conseguinte, não pode falar como um observador independente do lugar onde se encontra: "(...) toda reflexão, todo sentimento, toda intenção advém no interior de um lugar" (Hillman, 2005, p. 150).

A crítica italiana Stefania Parigi (1996, p. 74, grifo nosso) é autora de agudíssimo ensaio no qual aborda "o ambiente como sentimento" nos filmes de Visconti, especialmente no *Gattopardo*: "Em *Il Gattopardo* a cenografia não é a moldura ou o fundo da ação, *mas a matéria prima sobre a qual se deposita o sentido profundo da história*". As coisas se tornam no filme emanações de estados de ânimo: nelas vibra um mundo crepuscular prestes a desaparecer. Nessa perspectiva, a proliferação museológica de objetos de época assume o "aspecto de um catálogo sentimental, quase privado". As coisas familiares são o foco de uma contemplação nostálgica, ao mesmo tempo dolorosa e sensual. Ocorre, assim, uma comunicação fluida entre homens e coisas, na qual determinações recíprocas são ativadas:

> A beleza transpassa dos ornamentos aos corpos e dos corpos aos ornamentos, assim como o sentimento de decadência e morte flui das estátuas danificadas do jardim de Villa Salina aos perfis principescos petrificados em uma estatuária funérea na famosa sequência do *Te Deum* em Donnafugata. O mundo que Visconti evoca é um mundo perdido, no qual as coisas se tornaram emanações das personagens e as personagens emanações das coisas. (Parigi, 1996, p. 74)

Visconti estabelece, pois, uma comunicação entre homens e coisas de alto grau simbólico; essa quase "osmose entre objetos e personagens" tem relevância e pertinência máxima na diferenciação entre o príncipe de Salina e don Calogero. Já vimos aqui, por exemplo, como o príncipe percebe no *dado material* do *frac* deselegante do burguês o perigo de uma nova classe em ascensão, que lhe tomaria o lugar de prestígio econômico e social. Lembremo-nos ainda dos comentários de Calogero no palazzo Ponteleone, sempre de olho no valor monetário de cada ornamento contemplado...

> Enquanto a graça das moradias principescas coincide com aquela de seus nobres habitantes, segundo os quais 'um palazzo do qual se conhece todos os cômodos não é digno de ser habitado', o *frac* de Don Calogero, o seu escritório eleitoral – com os dois retratos de Vittorio Emanuele e de Garibaldi aproximados sem harmonia, as molduras estridentes – exprimem irremediavelmente a rudeza, material e espiritual, dos novos ricos. (Parigi, 1996, p. 74)

Na contramão de Calogero, pode-se dizer que a nossa dupla Don Fabrizio / Visconti coloca em evidência o "valor de uso" dos objetos. Não por acaso, como já informamos, Visconti se empenha em obter objetos autênticos para o filme, provenientes de prestigiadas casas de antiquário ou das coleções de família Lanza di Mazzarino, herdeira dos Lampedusa.

Pode-se dizer que, ao fazer o *Gattopardo*, Visconti encontrava-se em seu terreno preferido, no qual se sentia absolutamente confortável e seguro. E isso vai mesmo além da afinidade aristocrática entre o conde e o príncipe. O trabalho do cineasta deita suas raízes, segundo Parigi, na tradição cênica do teatro lírico, na tradição cenográfica do melodrama oitocentesco, que implica um extremo cuidado realista com os detalhes. A autora concebe uma "adesão profunda, cultural e sentimental, pelo mundo figurativo oitocentesco que representa para Visconti o mundo da formação, do imaginário familiar, além de um terreno eletivo do gosto e das predileções artísticas"; assim sendo, conclui que "a imagem viscontiana reside profundamente nessa cultura, como em uma espécie de traje natural" (Parigi, 1996, p. 78).[9]

Do ponto de vista formal cinematográfico, Parigi (1996, p. 74) destaca a importância dos enquadramentos: "Os muitos enquadramentos do alto ou em campo médio que introduzem a descrição ambiental não servem tanto a ostentar a suntuosidade dos ornamentos, quanto a entrelaçar juntos coisas e personagens, envolvidos em uma mesma áurea".

---

[9] Talvez justamente por se sentir em terreno dileto ao adaptar o romance, Visconti tenha conseguido realizar uma obra tão memorável. Na opinião de Alberto Anile e Maria Gabriella Giannice (2014, p. 306), e com a qual estamos de pleno acordo, o filme *Il Gattopardo* "provavelmente é a obra-prima de Visconti, certamente o momento culminante de sua carreira cinematográfica". O filme seguinte é *Vaghe stelle dell'Orsa* (1965), que, embora não desprovido de interesse, não está entre os melhores do cineasta; a chamada "trilogia alemã" (*La Caduta degli Dei*, *Morte a Venezia* e *Ludwig*) assinala uma dívida com aquilo que já florescera no *Gattopardo*: o interesse pelo crepúsculo de tempos históricos e o doloroso voltar-se sobre si mesmos de seus protagonistas. Ao fim de *Ludwig* (1973), Visconti sofre um íctus (trombose) e já realiza em precário estado de saúde *Gruppo di Famiglia in un Interno* (1974) (daí, inclusive, a ideia de um filme que pudesse ser rodado em um ambiente interno, com número restrito de personagens, o que demandaria menos esforço físico do diretor) e, ainda mais debilitado, *L'Innocente* (1976), o qual dirigiu sentado em uma cadeira de rodas.

E aqui podemos adentrar novamente as moradias do príncipe. Trata-se de um mundo fechado, que se expande sobre si mesmo. Mais que nunca, temos aí a casa em seu *sentido arquetípico de refúgio*, de proteção contra o mundo externo: a casa como algo que se define justamente pela oposição dentro / fora. É um miniuniverso reconfortante, que se opõe tanto ao vendaval político garibaldino quanto à inclemência dos rigores do clima siciliano:

> Os internos principescos estão quase sempre na penumbra, reavivados por uma iluminação que imita os efeitos de luz de vela e faz lampejar os brancos das roupas e dos ornamentos. A este mundo fechado na sua preciosidade, envolto em pesados cortinados, padecente de *horror vacui*, que procura dilatar-se sobre si mesmo através da fuga perspéctica dos cômodos e a proliferação de espelhos, se opõe o espaço amplo e despojado da paisagem siciliana [...] Visconti coloca em cena o contraste entre o fora e o dentro como um contraste 'dramático' de cores, de claros e de escuros. O sol ofuscante da paisagem siciliana filtra-se pelas janelas abertas nos suntuosos internos em penumbra do palazzo principesco. (Parigi, 1996, p. 79)

Como se sabe, o palazzo não será refúgio suficientemente forte para deter ou minorar a decadência da aristocracia da qual Don Fabrizio faz parte. A cena inicial do filme, que mostra as cortinas do palazzo balançando ao vento enquanto a família reunida reza o *Te Deum* é de alta conotação simbólica: pode-se interpretar o vento – como muitos aliás o fizeram – como metáfora da História que forceja por penetrar a moradia aristocrática e subvertê-la.

O ensaísta e historiador de cinema Antonio Costa, em seu alentado livro *La Mela di Cézanne e l'Accendino di Hitchcock*: Il Senso delle Cose nei Film (*A Maçã de Cézanne e o Isqueiro de Hitchcock: O Sentido das Coisas nos Filmes*) chama a atenção para o tema das janelas e dos telescópios em *Il Gattopardo*, janelas e telescópios que são emblemas da visão do príncipe, isto é, mais uma vez do jogo entre o dentro e o fora, a casa e o processo histórico:

> A ordem da narração e a lógica da *mise-en-scène* são reguladas pelo tema da janela: essa não apenas define o confim entre o interno e o externo, mas é também o ponto de acesso do olhar do narrador, e a forma simbólica de irrupção de eventos catastróficos que perturbam o desenvolvimento dos rituais de família. (Costa, 2014, p. 236)

Os telescópios são também emblemas da visão do narrador, ocupando, entretanto, uma posição complementar e contrastante àquela das janelas: "Uma presença discreta, no texto literário, desses objetos dormentes, mas com uma função precisa enquanto são eles que garantem *um outro ponto de vista*, complementar àquele das janelas" (Costa, 2014, p. 237, grifo nosso).

Com efeito, vale lembrar que o príncipe é astrônomo amador, vislumbrando por meio da ciência dedicada aos astros celestes uma disciplina universal, uma ordem e, acima de tudo, uma estabilidade das coisas que já não encontra paralelo na esfera social e política a ele contemporânea. O príncipe é também um intelectual e, no seu Observatório em Palermo, sente-se sempre em paz consigo mesmo, como nesta passagem do romance: "O verdadeiro problema, o único, é poder continuar a viver esta vida do espírito em seus momentos mais abstratos, mais semelhantes à morte" (Tomasi di Lampedusa, 2014, p. 60). Quando sai do baile no palazzo Ponteleone, madrugada avançada, e depara-se com a estrela da manhã, pensa, tomado de suave melancolia:

> Vênus estava ali, envolta em seu turbante de vapores outonais. Ela era sempre fiel, esperava sempre Don Fabrizio em suas saídas matutinas (…) Don Fabrizio suspirou. Quando estaria decidida a marcar-lhe um encontro menos efêmero, longe dos refugos e do sangue, *em sua própria região de perene certeza*? (Tomasi di Lampedusa, 2014, p. 232, grifo nosso)

Por fim, cabe destacar que os telescópios estão entre os objetos queridos do príncipe, relembrados em seu leito de morte; pensa que, após seu falecimento, os telescópios estarão "destinados doravante a decênios de pó" e cairão, juntamente com outras "pobres coisas queridas", num "limbo feito de abandono e esquecimento" (Tomasi di Lampedusa, 2014, p. 240-241).

Há, pois, um jogo entre *o dentro* (as moradias principescas) e *o fora* (a Sicília e seu clima inclemente ou a revolução garibaldina) que constitui uma linha de força importantíssima na estrutura geral do filme. Retornemos uma última vez aos palazzi de Don Fabrizio. Como vimos, os palazzi utilizados nas filmagens são restaurados para que recuperem brilho após a corrosão e deterioração ocasionados pela passagem do tempo. Por assim dizer, os palazzi reais são recobertos por uma camada de ficção, que é o próprio restauro. Conforme Paolo Bertetto a propósito do assunto, o que ocorre no *Gattopardo* é

> o restauro das estruturas arquitetônicas do passado como recomposição de uma imagem que não terminou de falar [...] O verdadeiro puro e o fictício puro do palazzo e do ambiente restaurado se perdem em um jogo de espelhos infinito, em uma simulação geral cujas determinações ao mesmo tempo verdadeiras e enganadoras produzem uma fascinação ambígua e forte. (Bertetto, 2000, p. 205)

Mais especificamente em relação aos interiores, pode-se falar que é posto em ação um esforço de ornamentação ostensiva:

> Esta tessitura infinita de ornamentos joga pois, como é natural, um papel absolutamente importante na composição da imagem fílmica, dando-lhe não apenas uma superfície de riqueza exibida, mas uma pátina particular, uma tonalidade plena, integralmente resolvida. (Bertetto, 2000, p. 207)

Uma tessitura que é conduzida pelo gosto refinado de Visconti e suas seleções e ordenações exigentes: "Visconti não pretende ceder à causalidade da distribuição dos objetos e das pessoas no espaço, mas reconduzir cada escolha de disposição dos materiais a uma exigência de gosto e efeito visivo" (Bertetto, 2000, p. 217).

Trata-se aqui, portanto, de "uma exibição de riqueza e de gosto refinado, no qual Visconti parece projetar reivindicações e opções pessoais" (Bertetto, 2000, p. 214). Noutras palavras, Visconti dando a mão a seu *fratello espiritual*, Don Fabrizio, ambos aristocratas refinadíssimos.

Os espaços internos são os mais propensos a não escaparem do "princípio compositivo forte" de Visconti e sua busca rigorosa de efeitos visivos programáticos e funcionais. Ao comentar a moradia principesca, Bertetto se vale de uma expressão igualmente utilizada por Stefania Parigi em seu ensaio sobre o ambiente viscontiano como sentimento: *horror vacui*. De fato, o horror ao vazio parece presidir o acúmulo – dir-se-ia barroco – de ornamentos nos interiores das moradias sicilianas aristocráticas:

> Antes de tudo uma grande riqueza cenográfica caracteriza quase todos os ambientes do palazzo, sublinhando o acúmulo de culturas diversas efetuado com felicidade por Visconti, com a colaboração de Garbuglia, di Pes e de Hercolani. Móveis, quadros, objetos heterogêneos, múltiplos manufaturados, elementos de decoração variamente selecionados são colocados nas salas e nos quartos segundo um princípio de saturação acurada dos espaços, que parece inspirado por um profundo implícito *horror vacui*. (Bertetto, 2000, p. 214)

E nesses ambientes saturados de objetos, dá-se, no que diz respeito à iluminação, uma espécie de primado da penumbra: "(...) é toda uma gama de luminosidade variável que sublinha a relevância da penumbra e da obscuridade como sinais de um espaço protegido e separado do mundo externo e da invasão do sol" (Bertetto, 2000, p. 215-216). A casa em penumbra como anteparo às inclemências do mundo externo. Entretanto, é também na penumbra que Don Fabrizio viverá um momento reflexivo "mais abstrato", e, por isso mesmo, "mais semelhante à morte". Referimo-nos à cena na biblioteca do palazzo Ponteleone, quando o príncipe contempla o quadro *A Morte do Justo*, de Greuze, e nele vê o próprio destino traçado, o avizinhar-se a passo de gazela do momento em que deverá abandonar este mundo:

> Imerso ele mesmo na penumbra, propenso a verificar na economia imaginativa do quadro o próprio destino de morte, o príncipe é como acariciado e envolvido por uma penumbra mórbida e quente que parece delinear quase visivelmente o aproximar-se do fim: uma imagem simbólica na qual se recolhe o sentido profundo do filme. (Bertetto, 2000, p. 216)

Signos de morte (de formidável plasticidade) perpassam todo o filme, conforme também verificado no romance. Concluamos este capítulo com um signo funéreo em especial. Referimo-nos à viagem que o príncipe faz de Palermo rumo a Donnafugata. Os Salina chegam à cidadezinha depois de longa travessia pelas estradas empoeiradas da Sicília. São recebidos por uma banda de música e, logo na sequência, participam de um rito religioso na igreja local. Nesse momento, a câmera desliza lentamente por cada membro da família principesca, cada qual encontrando-se sentado, de maneira solene e respeitosa, nos imponentes bancos seiscentescos da Igreja Mãe. A câmera demora-se por alguns segundos, vez a vez, em cada rosto, e o que se vê então é uma máscara de poeira branca.[10]

Sabe-se que Luchino Visconti, ao borrifar com talco os rostos dos atores, valendo-se, para isso, de um fole, murmurava: "Morte... morte... Como as múmias dos Cappuccini! Isto simboliza os primeiros sinais da morte de uma classe!" (Visconti apud Anile; Gianicce, 2014, p. 197).

O movimento da câmera que coloca em destaque os rostos esbranquiçados, mumificados, dos membros da família Salina é

---

10. Exatamente em consonância com as lembranças de Lampedusa das viagens que sua família fazia a Santa Margherita Belice, a casa materna onde costumava passar os verões. Doze horas de viagem desde Palermo cruzando estradas empoeiradas. Na chegada, a família Lampedusa era recebida por uma banda local que tocava uma polca: "Enfeados, com os cílios brancos de pó e a garganta seca, nos esforçávamos para sorrir e agradecer" (Tomasi di Lampedusa, 2015, p. 46).

um notável exemplo, dentre outros, da habilidade do cineasta em transformar em imagens apropriadas, de grande impacto sensorial, os efeitos da escrita literária. Certamente, podemos cogitar que Lampedusa, ao fazer a descrição de seus personagens empoeirados no romance, não tinha em mente dar ao episódio o profundo caráter mortuário que o diretor decide por conferir à cena correspondente – trata-se de interpretação viscontina, que se debruça e transgride criativamente o ponto de partida literário. Há, porém, ainda um outro pormenor a ser destacado na filmagem dessa cena. Um pormenor curiosamente de ordem biográfica, o qual seria desconhecido do público não fosse uma confissão do cineasta ao figurinista Piero Tosi. Segundo o fiel colaborador de Visconti:

> Para muitas coisas remetia-se a suas recordações: a cena do *picnic*, quando todos descem das carruagens cobertos de poeira a nós parecia exagerada, mas ele me dizia: 'Não tens ideia como minha mãe e eu chegávamos brancos quando partíamos para o veraneio em Cernobbio'. (Tosi *apud* Farinelli, 2015, p. 70)

Cernobbio, onde ficava a Villa Erba, a Casa Mãe, paraíso perdido da infância viscontiana. Aqui, os *ricordi d' infanzia* do cineasta sintonizam-se à perfeição com os *ricordi d' infanzia* de Lampedusa. E o *Gattopardo* de ambos se delineia para nós, em traços nítidos, como produto consequente de uma lembrança afetiva na qual se entrelaçam a casa, a nostalgia e o pó.

Os ambientes e as coisas de
CORNÉLIO PENNA

Um escritor recluso e colecionador de antiguidades: a fascinação pelo passado e as memórias da fazenda de café

Vistos *Il Gattopardo*, romance e filme, passemos, por fim, a uma análise e interpretação de *A Menina Morta*, de Cornélio Penna, com o foco centrado, como nos casos anteriores, na importância de lugares e objetos na estruturação e sentido geral da obra. Há muitas semelhanças entre o romance de Lampedusa e o de Penna, como se notará com facilidade. De imediato, no entanto, cremos que vale a pena destacar uma diferença essencial (que desdobraremos mais pormenorizadamente): enquanto a reconstrução ficcional da Casa-Mãe, do ambiente familiar em Lampedusa, é precisamente uma *topofilia*, conforme a propõe Bachelard, isto é, uma evocação do espaço feliz, de bem-aventurança, a representação da casa (no caso, casa-grande de fazenda) em Penna é caracterizada pela imersão psicológica na opressão e no medo onipresente, na convivência humana sombria e triste. É uma casa perpassada pela experiência da *violência*. Veremos como essa violência deriva das convenções da família patriarcal e do contexto histórico da barbárie escravagista brasileira.

Cremos que essa diferença radical da percepção do espaço, como lugar de afeto ou de opressão, é um dado de relevância para os fins deste trabalho, pois permite que abordemos o tema considerando-se polos opostos de percepção e sentimentos derivados: a "alma" dos lugares em seus aspectos de beleza, conforto, paz ou, ao contrário, de feiura, desassossego, medo. Comecemos com uma pequena recapitulação de alguns elementos-chave do romance para depois aprofundar os pormenores referentes ao ambiente na segunda parte deste capítulo. Aproveitamos também para logo destacar nesse primeiro momento o caráter memorialístico de *A Menina Morta*, a partir de algumas declarações públicas do autor – também aqui, à semelhança de *Il Gattopardo*, as lembranças de família têm importância decisiva na elaboração literária, são igualmente um poderoso motor da escrita.

Em 1954, o escritor fluminense Cornélio Penna (que também viveria no interior de Minas Gerais e no interior de São Paulo, em regiões rurais que marcariam profundamente sua obra), lança o seu mais importante romance, *A Menina Morta*, que possui inúmeros pontos de semelhança, como já observado, com *Il Gattopardo*. Também no romance brasileiro a história se passa no final do século XIX e igualmente gira em torno da decadência de uma classe social, no caso em questão, da aristocracia rural brasileira às vésperas da Abolição da escravatura. O cenário da trama é a fazenda do Grotão, localizada nas redondezas do município de Porto Novo, Minas Gerais, região pertencente ao chamado Vale do Paraíba.

A fazenda é o "palácio" do Comendador, Senhor do Grotão, proprietário rural que possui sob seu arbítrio a própria família, os agregados que vegetam ao seu redor e incontáveis escravos que trabalham na lavoura de café. "A fazenda era enorme e rústico palácio, fortaleza sertaneja do senhor feudal sul-americano, e tudo ali era grande e austero, de luxo sóbrio e magnífico (...)" (Penna, 1958, p. 856). A fazenda do Grotão é propriamente uma personagem, de fundamental importância, e suas características de grandeza, austeridade, severidade e mais nuances sombrias são enfatizadas ao longo de toda a narrativa: "(...) a fachada enorme da fazenda erguida daquele lado com sua muralha pesada e branca cortada apenas pelas janelas todas fechadas, sombria e severa..." (Penna, 1958, p. 791). Os móveis que guarnecem a casa-grande são sempre "severos e duros" (Penna, 1958, p. 816), de "esplendor sombrio" (Penna, 1958, p. 1.251), todos eles carregando em si a tradição e o poder da família patriarcal.

As descrições do Comendador à mesa enfatizam seu poderio, o respeito nutrido de temor que desperta em todos, ao mesmo tempo em que o situam com precisão numa ambiência marcada por requintes de alimentação e decoração:

> O Senhor não se erguera da mesa, após o jantar, e todo o serviço de levantamento feito nas pontas dos pés fora conduzido como se ele não estivesse ali; tudo sucedera com tal segurança e silêncio que ele próprio decerto não sentira o negro e duas mulatas se agitarem em torno de sua cadeira e que os pesados serviços de louça azul das Índias, as garrafas atarracadas de cristal cheias de vinho português, as bilhas de barro reçumantes de água fresca que as enchia, as bandejas de prata carregadas de iguarias eram levadas para dentro como por magia. (Penna, 1958, p. 781)

O luxo, nesse contexto, é movido por aqueles que não o desfrutam, os escravos. Os alimentos entram e saem de cena "como por magia", em verdade carregados pelos braços de seres brutalmente tolhidos de liberdade, cujas vidas se orientam pelas ordens e caprichos de seus senhores. Outra cena de jantar, na mesma perspectiva, lembra muito certas ilustrações de Debret, pintor francês que, ao retratar o fausto dos jantares brasileiros no século XIX, associou-o ironicamente à barbárie da escravidão, que é sua contraparte inevitável naquela organização social:

> Enquanto isso, a crioula encarregada de enxotar as moscas que tentavam pousar sobre as travessas fumegantes, adormentada pelo trabalho monótono, de vez em quando cochilava e depois assustada abria olhos enormes e sem expressão, revirava as pupilas, fazia brilhar o branco muito puro dos grandes glóbulos a nadarem em líquido, e voltava a abanar com lentidão majestosa. (Penna, 1958, p. 899)

A exemplo de *Il Gattopardo*, o romance de Penna começa também com uma morte, que a tudo parece contaminar na qualidade de um presságio funesto. Morre a filha ainda menina do casal proprietário do Grotão. De seu pequeno caixão era como se emanasse "um aviso, uma advertência, de que tudo cessara, tudo mudara, com o fechar dos olhos da criança" (Penna, 1958, p. 777). Essa menina, sempre alegre, a quem os próprios escravos idolatravam, durante sua breve existência, "fizera acalmar por alguns anos o ódio oculto nos corações" (Penna, 1958, p. 1.155). Após sua morte, aumenta a solidão de todos os moradores e precipita-se o progressivo arruinamento da fazenda: "Cada qual sentia no íntimo ter o Grotão se fendido de alto a baixo, na iminência de ruir, e algum mal estranho corroía suas entranhas..." (Penna, 1958, p. 1.014).

O Senhor do Grotão, em princípio, representa mais que ninguém o desejo de durar de uma classe:

> Aquela presença masculina, poderosa, fonte e origem em potência de muitas vidas, que viriam ao mundo ricas de seiva e se prolongariam e multiplicariam pelos séculos, era bem a do patriarca dominador de todo aquele grupo de homens e mulheres, era o tronco da árvore sem medida cujos galhos se reproduziriam sem cessar. (Penna, 1958, p. 1.058)

O desenvolvimento da narrativa fará por desmentir, ponto por ponto, essa metáfora da árvore frutífera de incomensurável fertilidade. Numa estadia na Corte, o Senhor morre vitimado pela febre amarela. Segue como responsável pelo Grotão sua herdeira, a filha Carlota, que, desistindo de um casamento arranjado pelo pai, coloca em crise, de maneira radical, a possibilidade de o núcleo familiar prolongar-se em novos descendentes.

Aos poucos, quase todos deixam o Grotão, os agregados partem e Carlota fica cada vez mais solitária. Os escravos são libertados e a fazenda, embora continue a funcionar, jamais alcançará a pujança de outros tempos. Carlota sente "a convicção inescrutável de que espalhava a morte e a ruína em torno dela..." (Penna, 1958, p. 1.287). Recebendo a visita de seu irmão, que preferira viver na Corte e sempre distante da fazenda, diz-lhe:

> Eu ficarei no Grotão até morrer [...] Mas não sei se minha permanência nele será para a vida ou a morte do trabalho do nosso pai e de nossos avós... Creio que vamos todos morrer lentamente, dia a dia, momento a momento, mas seremos sempre os mesmos aqui... (Penna, 1958, p. 1.276)

Com efeito, essa passagem do romance aponta para um devir moroso consubstanciado enquanto mera acumulação de ruínas: "O Grotão parecia ter deixado de existir, e suas numerosas e irregulares construções tomaram logo o aspecto sonolento e soturno de ruínas..." (Penna, 1958, p. 1.280).

Para Cornélio Penna (nascido em Petrópolis em 1896), foi de grande importância para a elaboração de *A Menina Morta* o tempo em que viveu em cidades interioranas, como Itabira (MG) e Pindamonhangaba e Campinas (SP), nas quais travou contato com a realidade das fazendas de café. Como se sabe, a "menina morta" do romance tem como fonte de inspiração o retrato a óleo de uma tia materna do autor chamada Zeferina: falecida em 1852 ainda menina, é representada no quadro já morta em seu berço, trajando vestido de brocado branco e com uma coroa de rosas igualmente brancas cingindo-lhe a pequena cabeça. O retrato é um estopim, mas a elaboração do romance remonta naturalmente a um leque mais amplo de memórias do escritor. Em um depoimento cedido a Lêdo Ivo em maio de 1948, Cornélio Penna esclarece a propósito daquela que viria a ser sua mais importante realização ficcional:

> Escrevi um capítulo para o *Repouso*, antecipadamente, e tinha perto de mim esse retrato. Quando reuni depois todos os capítulos, ele se destacou dos outros, inteiramente diferente, com outro ambiente, com outra alma. Era a fazenda de café que se fazia ouvir, com sua voz murmorejante, onde o pranto dos escravos se mistura com a alegria da riqueza dominadora em marcha. E tive que excluí-lo e guardá-lo, mas não me foi possível conter tudo que aflorou em minha imaginação. Os velhos momentos vividos em Pindamonhangaba, o sangue materno, as recordações, os sentimentos que me tinham embalado, sobrepujados mas não vencidos pela força sobre-humana de Itabira, vieram à tona e vou escrever outro livro, que se chamará simplesmente *A Menina Morta*. (Penna *apud* Ivo, 1958, p. LXV-LXVI)

Como Giuseppe Tomasi de Lampedusa, Cornélio Penna também é um homem voltado para o passado. *A Menina Morta* é um livro que vem à luz em 1954, mas sua matéria é a sociedade rural escravocrata da segunda metade do século XIX. O passado colonial brasileiro, a formação violenta do país sob o regime de escravidão, interessa profundamente a Penna; como alerta no depoimento acima citado, se há pujança econômica no meio rural, ela é conquistada de par com o "pranto dos escravos". E o romance é uma verdadeira radiografia agudíssima dessa sociedade brutal revelada através de suas incidências no interior da casa-grande, da moradia dos proprietários (como em Machado de Assis, a denúncia da escravidão se faz por meio de uma mirada que privilegia o foco sobre os senhores e suas arbitrariedades).

O romance é escrito em estilo bastante clássico, um português castiço, e que remete à dicção de escritores confessadamente admirados por Penna, como o já referido Machado de Assis e o português Camilo Castelo Branco. Nessa perspectiva, pode-se dizer que sua prosa romanesca está nos antípodas da experimentação de seu contemporâneo Guimarães Rosa (*en passant*, aqui também se pode fazer um paralelo com Lampedusa: sabe-se que o escritor italiano almejava, inicialmente, contar a história de Don Fabrizio no desenrolar de um dia, capturando-lhe o fluxo de pensamentos; mas logo se deu conta de que não sabia fazer um *Ulisses* joyceano e partiu para algo que lhe era mais adequado à própria personalidade literária). Como Lampedusa, enfim, Penna parecia não pertencer propriamente à sua época, como se fosse ele próprio um "anacronismo" fadado a um breve desaparecimento, à semelhança do mundo e das personagens de que fala em seus romances.

Augusto Frederico Schmidt, que foi amigo íntimo de Penna, faz uma declaração um dia após o falecimento do escritor (ocorrido em 12 de fevereiro de 1958), que registra bem a posição *descentrada* do amigo de letras em relação ao seu tempo e a seus pares:

> [Tinha] o ar de quem não espera e não deseja da vida senão um pouco de paz [...] *Jamais tive a impressão de que ele fosse um contemporâneo, um homem da minha época, um homem como os outros* [...] Procuro retornar e rodar em torno dessa impressão de que *ele foi um exilado* e não encontro como explicar o fenômeno. (Schmidt *apud* Lima, 2005, p. 9, grifo nosso)

A condição de "exilado", inclusive, é obstinadamente buscada pelo próprio Penna como uma espécie de programa ético de vida. Duas formidáveis declarações do escritor prestam conta do isolamento que, poderíamos dizer, demanda com afinco e sem tréguas. Uma delas está na entrevista já referida que cedeu a Ledo Ivo; indagado por que não frequenta os meios literários sai-se com esta resposta incisiva (e aqui bem-humorada):

> – Porque não sou literato – responde-nos, rindo, Cornélio Penna. –Não se pode imaginar o verdadeiro horror que tenho de viver artificialmente, de criar sem sentir um personagem, e depois ficar prisioneiro dele, e ter de tomar atitudes literárias, de viver literariamente. Não me cabe esse papel e não sei representá-lo, e fico humilhado quando me prendo a dizer coisas artísticas. (Penna *apud* Ivo, 1958, p. LXVI)

Em outra declaração, cedida originalmente em outubro de 1950, enfatiza sua recusa em participar do *teatro* da vida literária juntamente com seus pares:

> Porque detesto os intelectuais e os literatos. Afastei-me completamente daqueles que me distinguiam, porque não podia acreditar na permanência, na duração de seus papéis, e não podia também aprender o modo de contracenar com eles. De repente senti que tudo era mentira em minha vida, e isolei-me para não mentir, para encontrar um pouco de verdade, para ao menos poder morrer de acordo comigo mesmo, e não com os outros. (Penna, 1958, p. XLVIII)

Difícil seria avaliar o quanto há de teatro nessa recusa do teatro mundano dos meios literários. Certamente, tais declarações contribuíram para aumentar sua fama de escritor isolado, perfeito misantropo, "homem das sombras", tão sombrio quanto a ambiência representada em seus romances. No entanto, é certo que o isolamento é fato comprovado pelos testemunhos de seus contemporâneos.

Como já dito, a fazenda do Grotão, muito especialmente a casa-grande, é elemento central do romance em pauta. As personagens da história definem-se aos nossos olhos, em grande medida, pela relação que mantêm com aquele espaço específico. Todas as ações humanas se perfazem de certa forma referendadas por aquele espaço interno altamente hierarquizado. É uma espécie de *lugar-tabu*, onde não se age impunemente, para bem e mal. Penna reconstrói de forma magnífica esse cenário austero, sombrio; com grande mestria literária, faz com que os leitores penetrem e "sintam" aquele ambiente, a "alma" do lugar. A trama do romance (um calhamaço de mais de 500 páginas na edição aqui utilizada) desenrola-se quase que inteiramente no espaço recluso da casa-grande; há poucas cenas externas, da qual se destaca um passeio solitário e clarividente de Carlota, uma espécie de viagem necessária ao inferno (mais à frente nos deteremos nessa incursão externa – que ajuda a compreender o que se passa no espaço interno da casa-grande) e mesmo os escravos aparecem pouco. É um romance de grande tensão e violência, embora não haja propriamente muitas cenas de agressão física e tortura. Essa atmosfera amedrontadora existe com uma espécie de *background*, que, embora pouco explicitado, está ali o tempo todo, conformando todas as relações interpessoais na fazenda. A nosso ver, é justamente essa semi-invisibilidade do fundo mais cru da rotina escravagista que confere extraordinária tensão ao romance. Durante toda a leitura ficamos na expectativa de que algo de muito ruim está por acontecer, de que o mal absoluto surgirá em toda sua violência...

A trama tem um ritmo moroso, *aparentemente nada de importante está acontecendo*: páginas e mais páginas dedicadas a conversas de parentas pobres e humilhadas em seus aposentos, cenas de jantar, fofocas, a confecção de vestidos, a feitura de doces, a descrição do mobiliário etc. O olhar do narrador em terceira pessoa se debruça sobre o dia a dia comezinho, a organização doméstica do ambiente familiar. É como se ele se valesse de uma lente de aumento, que faz destacar o miúdo e, nesse colocar à vista do aparentemente insignificante, logra justamente desvelar o sentido profundo ali existente, como se afinal iluminasse nada menos que a condição humana submetida a constrangimentos materiais (e também simbólicos) muito bem delimitados e documentados.

De forma alguma a história do país está ausente ou não tem influência no andamento da vida das personagens e dos acontecimentos na fazenda. Trata-se da representação de um mundo que vai desaparecendo, que se vai transformando em ruínas. O fim legal do regime escravocrata e o próprio fim do Império são dados históricos fundamentais associados à implosão daquele universo rural. Também aqui se pode fazer uma proveitosa aproximação com *Il Gattopardo*: a revolução garibaldina, a unificação da Itália, a ascensão dos burgueses em oposição à velha casta senhorial são elementos históricos contextuais do romance, mas sua representação se dá muito mais pela recolha dos reflexos desses acontecimentos no interior do palazzo do príncipe do que por menções ou longas digressões sobre tais fatos (também não há tantas cenas externas no romance de Lampedusa, sendo a principal delas a viagem que leva de uma casa senhorial à outra, do palazzo em Palermo ao palazzo de Donnafugata).

É essencial, portanto, no que diz respeito ao romance *A Menina Morta* a descrição pormenorizada, detalhadíssima, do ambiente doméstico, da casa-grande de fazenda de café. E aí Penna é mestre absoluto. Talvez sua excepcional qualidade descritiva, que não teme o demorar-se em cada objeto ou detalhe arquitetônico, tenha a ver com sua carreira de pintor. Penna, antes de tornar-se escritor, dedicou-se à pintura, mas, insatisfeito dos resultados obtidos, renunciou de vez a essa expressão artística em 1929 e passou a dedicar-se integralmente à sua obra literária. É muito provável que a dedicação à pintura tenha colaborado para a educação de um olhar voltado às minúcias e suas significações.[1]

Outro aspecto biográfico do autor chama-nos ainda mais a atenção: o seu gosto por móveis antigos, caixas de música e outras antiguidades.[2] Conforme relatos de pessoas que privaram com o autor – incluso Ledo Ivo –, o escritor apreciava manter sua casa no Rio de Janeiro em permanente penumbra, com as janelas cerradas, e o espaço interno era decorado com abundância de móveis antigos, que disputavam espaço com pinturas e grandes retratos de família. Uma casa com um forte aspecto "museológico", digamos.

Marcelo Bessa traça um perfil biográfico no qual coloca em destaque justamente o culto de Penna pelo passado e sua casa-museu:

> Naquelas décadas iniciais do século XX, em que *novo, ruptura, moderno, revolução, presente* e *futuro* eram, entre outras, as palavras de ordem, Cornélio encaminhou-se pela contramão, isolando-se em um mundo e tempo particulares. Como o Drummond de *Sentimento do mundo*, o tempo também é a matéria de Cornélio, mas, ao contrário do poeta mineiro, não é o tempo presente, os homens presentes e, tampouco, a vida presente que o seduzem. É, antes, o passado que o fascina, cultuado com um fervor quase religioso.
>
> No seu isolamento e desprezo por tudo o que lembre o mundo 'moderno' e tecnológico – não indo a cinemas, tendo horror ao rádio e preferindo ouvir antigas caixinhas de música –, Cornélio constrói um espaço onde, nostálgico, pode sentir saudades de um tempo em que

---

1. Para o leitor interessado na pintura de Penna, vista em conjunto, recomendamos o excelente estudo realizado por Alexandre Eulálio (2012) em seu ensaio "Os dois mundos de Cornélio Penna".
2. Alguns móveis e objetos, entre os quais as caixas de música tão apreciadas pelo escritor, compõem hoje um acervo pertencente ao Arquivo-Museu de Literatura Brasileira (AMLB) da Fundação Casa de Rui Barbosa (FCRB), no Rio de Janeiro, estando à disposição para visita pública.

não viveu. Com seu gosto por antiguidades, transforma sua residência numa espécie de museu, onde, num ambiente sombrio e de pouca luz, móveis antigos de todos os estilos, tapetes, cristais, louças, telas, entre outros objetos, disputavam milimetricamente o espaço da casa. No ambiente de luz mortiça de sua sala, um objeto reinava e, talvez, era, para Cornélio, o mais valioso de sua coleção: um antigo quadro de pintor desconhecido, sempre ladeado por dois castiçais funerários, em que uma menina – na verdade, uma tia materna do escritor – com vestido de brocado branco, cabelos cacheados e uma coroa de flores na cabeça jaz, estática e palidamente, numa cama ou berço. A menina não dorme; está morta. Esse quadro, intitulado 'A menina morta', perseguiu como nunca a imaginação do escritor, até levá-lo a escrever seu último romance de título homônimo. Mais que isso, o quadro 'A menina morta' tornou-se o emblema, para amigos e conhecidos, de seu gosto fúnebre e de seu apreço ao passado.[3]

Visto isso, podemos passar à casa-grande ficcional de *A Menina Morta* e investigar as relações das personagens com esse ambiente específico.

---

3. Bessa, Marcelo, "Um Escritor na Contramão". Disponível em: <http://www.educacaopublica.rj.gov.br/biblioteca/literatura/0017a.html>.

A Menina Morta: a casa-grande como ambiente de vigilância e repressão

Luiz Costa Lima (2005, p. 107), em sua acurada análise do romance, coloca em destaque as características das relações interpessoais no ambiente opressivo da casa-grande, casa que é "labirinto", como diz, tanto por sua vastidão material quanto, em sentido simbólico, pela "cadeia de enigmas" que encerra para todos os habitantes. Nesse ambiente altamente hierarquizado, que tem o Comendador, o senhor proprietário do Grotão, como figura de autoridade máxima, tudo se passa sob o crivo do medo onipresente e da desconfiança de todos em relação a todos.

Os moradores se olham e se temem reciprocamente. Fica bastante clara a impossibilidade de as pessoas estabelecerem relações entre si baseadas na confiança, não há espaço para relações afetivas. Quando se tenta alguma aproximação mais afetiva, o gesto, por assim dizer, morre a meio caminho... ao invés disso, as relações são protocolares, regidas por um titânico código patriarcal, que determina desde os lugares à mesa de jantar ao valor do que se diz em relação à pessoa que o diz – por exemplo, a palavra de uma velha parenta agregada não tem nenhuma importância, suas opiniões são nada.

Nessa perspectiva, Costa Lima adverte para a interdição do contato físico (há verdadeiro horror em tocar um escravo, mas também, entre os brancos, qualquer gesto de carinho é encarado com reserva); há a interdição das palavras que não sejam meramente convencionais ou protocolares (a expressão dos sentimentos íntimos dificilmente chega a se realizar), em suma, há um medo constante de ultrapassar os limites das constrições patriarcais.

O olhar tem uma função terrível, específica e muito importante no desenvolvimento da narrativa. Todos se vigiam, uma vez que a desconfiança é completa:

O olhar é o meio que assegura a interdição de contato. Os olhos se fazem perfurantes, 'a cata de qualquer sinal de inveja ou de despeito' (cap. XXII: 840) e só a 'grossura da pele' será capaz de defender o corpo atingido pelo olhar [...] Os olhos procuram assumir o absoluto controle de tudo e a única proteção consiste em manter 'a cabeça inclinada para evitar o olhar inquisidor' (cap. XXII: 843) [...] O seu exercício então concentra toda a violência de que é capaz a autoridade e o consequente terror que inspira. (Lima, 2005, p. 127-128)

Sintomaticamente, em um romance marcado, no que se refere à representação da casa, pela "extrema minúcia 'realista' de seus traços" (Lima, 2005, p. 107), o crítico apreende numa estampa da sala de jantar uma alegoria do olhar inquisidor, da "violência controladora" a que alude. Com efeito, descreve o narrador a "sala de jantar, com seu papel onde carruagens, cavaleiros e cães de caça corriam nas diferentes direções" (Penna, 1958, p. 892). A cena de caça remete à convivência entre os moradores, sempre ciosos de se manterem nos devidos lugares e temerosos de punições caso infrinjam os limites da conduta que deles se espera conforme o maior ou menor prestígio de que desfrutam no contexto familiar.[4]

Nessa atmosfera sombria de permanente vigilância e temor de punição está interditada – além do contato físico, da afetuosidade, da livre expressão dos sentimentos nos diálogos – também qualquer manifestação de espontânea alegria. Na casa da "menina morta",

---

4. A ilustração da caça não deixa de remeter também a algo que certamente vai além das relações que se dão no interior da casa-grande entre os moradores brancos. Penna descreve a "caça" liderada por capitães-do-mato do Grotão, empreendida em busca de um escravo fugido, de nome Florêncio, que acabará sendo posteriormente encontrado enforcado numa árvore, como se houvesse ele mesmo decidido tirar a própria vida, suicidando-se. É, sem dúvida, uma das cenas mais violentas do romance no que diz respeito ao tratamento reservado aos escravos insubmissos: "De um lado o Grotão e na outra aba a Boa Vista, ambas com sua escravatura numerosa e organizada. Deviam seguir na perseguição de alguém e iam com a intenção de matar, pois os cães eram verdadeiras feras e não poderiam ser contidos se encontrassem qualquer escravo fugitivo, indo toda a matilha incitada como estava sendo pelos negros que a levavam morro acima e cujas vozes adoçadas se ouviam cada vez mais amiúde, ensurdecidas entretanto pela distância" (Penna, 1958, p. 926).

tudo está e deve permanecer *morto*, toda a vivacidade das pessoas e até mesmo a dos objetos é severamente suprimida. Talvez a cena mais contundente desse cerceamento da alegria é a que descreve a filha do Comendador, Carlota, de apenas 16 anos, numa tentativa de tocar um piano. Ela vê o instrumento na sala de visitas e se aproxima dele espontaneamente, logo enchendo a casa de música:

> Em dado momento, Carlota viu o piano e para ele se dirigiu, abriu-o e passou pelo teclado os dedos, executando ligeiras escalas enquanto a outra mão segurava o tampo entreaberto. Depois, sentou-se e tocou certa peça brilhante de Gottschalk, aprendida recentemente com sua professora no colégio. As notas entusiásticas se ergueram na sala e a fizeram vibrar, entraram pelo corredor, pelas outras salas, e toda a casa ressoava, cheia de sons e de ecos. Parecia toda ela tremer indiferente e passiva sem tomar parte naquela manifestação de vida e de mocidade. Quando terminou, Carlota fez girar o banco rapidamente, e viu então ter Celestina fugido enquanto nas portas surgiam os vultos indecisos das mucamas de dentro, a espreitarem timidamente com ares de espanto e até mesmo de terror. Suspeitou então ter feito imprudência muito grande, ou talvez mesmo falta grave. (Penna, 1958, p. 1.036)

Uma tentativa de alegria numa casa da qual ela foi definitivamente banida! A passagem é notável: há uma *dupla resistência* ao poder encantatório da música. Da própria casa, que se mostra "indiferente e passiva" e sem querer tomar parte de uma manifestação de vida e juventude; e das pessoas, Celestina, a parenta pobre, agregada, bem como as mucamas aterrorizadas. Assim, o simples ato de tocar um piano acaba sendo compreendido intuitivamente por Carlota como uma "imprudência muito grande", uma "falta grave". A felicidade possível transforma-se no seu contrário, o medo vence a beleza e sobrepuja a manifestação musical.

A "menina morta" confere significação à vida presente e futura. O romance inicia-se com os preparativos para o enterro. D ͣ Virginia, parenta empobrecida do Comendador e tornada governanta da casa, e Celestina vão buscar o caixão para a cerimônia e nele apreendem o seguinte: "e o pequeno caixão pareceu-lhes inimigo hostil, como se dele emanasse um aviso, uma advertência, de que tudo cessara, tudo mudara, com o fechar de olhos da criança, a queda para trás de sua cabeça no leito, como início do horrendo pesadelo que viviam" (Penna, 1958, p. 777). Observe-se que é do caixão que parte o aviso funesto, isto é, do objeto material, o qual, por assim dizer, *pré-figura* o destino da fazenda e de todos os seus moradores.

Penna sabe, como poucos, que os objetos possuem "vida", dizem muito a quem sabe escutá-los, a quem sabe decifrar sua linguagem própria, e explora essa sua qualidade de percepção com singular agudeza em sua narrativa, produzindo efeitos literários de grande impacto sensorial. Quando descreve um lampião, por exemplo, o enlaça às memórias da casa; mais que isso, os olhos do lampião – estranhamente "sem brilho", como, aliás, ocorre com todos os demais objetos e móveis, como logo enfatizaremos – veem aquilo que ninguém mais via ou se dava integralmente conta. Todos se recolheram a seus aposentos, resta o lampião na noite vazia:

> Toda a vida da fazenda pareceu concentrar-se no halo do lampião, naquele vulto alto e imóvel cujos olhos sem brilho fixavam um ponto vago, indeciso, apesar de sua impressionante fixidez. Eles deviam ver alguma coisa que ninguém mais via e que desaparecerá para sempre, mas cuja memória ficara marcada em todos os detalhes daquela sala enorme, esculpidos em cada móvel e nela vivendo como perfume distante e persistente. (Penna, 1958, p. 783-784)

Notoriamente, a descrição de móveis e demais pequenos objetos compõe quase sempre, de modo abrangente, uma ambiência sombria e funesta, apontando-se para a morte daquele universo rural. Há um nítido contraste entre o desejo de permanência social e histórica de certa classe senhorial e o que de fato o decurso do tempo vai evidenciando. Móveis sólidos e pesados, a casa como uma fortaleza aparentemente inexpugnável, e, no entanto, tudo vai se decompondo, como uma estrutura roída desde dentro por cupins.

Vejamos a descrição da casa por fora para depois voltarmos, mais uma vez, nossa atenção ao seu interior (coloca-se em destaque a grandiosidade da casa e o poder correspondente do Senhor, ambos entrelaçados: a grandiosidade da moradia reflete o poder do proprietário e vice-versa):

> A fazenda era enorme e rústico palácio, fortaleza sertaneja de senhor feudal sul-americano, e tudo ali era grandioso e austero, de luxo sóbrio e magnífico, mas era preciso viver naquelas amplas salas, de tetos muito altos e mobiliadas com móveis que pareciam destinados a criaturas gigantescas, sem contar com coisa alguma de certo nem no presente nem no futuro. (Penna, 1958, p. 856)

O caráter imponente e amedrontador da casa-grande se acentua ainda mais na passagem citada, pois trata-se da percepção de Celestina, que vive como agregada e, portanto, depende dos favores e caprichos do proprietário para sua subsistência material. A casa fica ainda mais ameaçadora quando vista da perspectiva de uma personagem desprovida de direitos e de autonomia.

O narrador destaca várias vezes a fachada da fazenda: "a fachada enorme da fazenda erguida daquele lado com sua muralha pesada e branca cortada apenas pelas janelas todas fechadas, sombria e severa" (Penna, 1958, p. 791). A referência à "muralha" denota claramente que a casa é, em sentido profundo, uma *prisão*. Leia-se esta outra descrição: "Entretanto, do outro lado da casa que parecia um grande e monstruoso animal adormecido junto das palmeiras imperiais, todas as vinte janelas rasgadas em sua fachada se alinhavam simetricamente, com as guilhotinas descidas e as portas de pau cerradas" (Penna, 1958, p. 788). São inúmeras as referências às janelas fechadas, portanto, aludindo a um universo familiar patriarcal que se fecha sobre si mesmo, evitando os contatos externos.

Note-se que, em relação aos passeios, ainda que dentro da fazenda, eles podem ser reprimidos total ou parcialmente tanto por vontade própria como por proibição do Senhor. A esposa do Comendador, Mariana, por exemplo, uma mulher que adoece psicologicamente naquele universo opressivo (ela, que havia conhecido o mundo de bailes e saraus na Corte) evita sempre a visão dos escravos no eito:

> Deviam andar pelos campos sem cultura para evitar sempre, com todo o cuidado, os eitos, porque a Sinhá não gostava de ver os negros no trabalho, e dava ordens ríspidas quando viam ao longe o grupo de homens, seguidos pelo capataz ou ouviam trazidos pelos ventos o canto lamentoso dos que cavavam. (Penna, 1958, p. 738)

Embora seja o trabalho escravo que produza a riqueza e as regalias dos senhores, a preferência é por não vê-lo em seu dia a dia de brutalidades. Evita-se sempre o contato com escravos, salvo de algumas mucamas ou amas-de-leite que têm acesso à casa-grande. Aí algo do regime escravocrata é sublimado pelo patriarcalismo reinante, que traz para uma proximidade relativa, ou seja, para a própria esfera da vida privada, o trabalho subjugado, dando-lhe certo ar de família, escamoteando seu verdadeiro caráter opressivo.

A filha do Comendador recebe ordens expressas do pai de não passear sozinha pela fazenda. Ao fazê-lo uma vez recebe forte reprimenda do pai: "- Já disse que não saia sem acompanhante da residência, e não quero que vá às cocheiras sem ser em minha companhia" (Penna, 1958, p. 1.079). É altamente relevante que o pai a impeça de caminhar livremente pela fazenda, se considerarmos que será justamente num passeio solitário pela fazenda que a moça se dará conta do significado profundo da fazenda e de seu funcionamento, *como se enfim a visse pela primeira vez*.

Conforme representada por Cornélio Penna (1958, p. 858), a fazenda converte-se num ambiente concentracionário, numa prisão. Não é de se estranhar, portanto, que as personagens tenham dificuldade de imaginar um mundo para além da fazenda, com outras formas de convivência: "Tudo lhe parecia inimigo e hostil nessa fazenda tão grande onde a tratavam como estrangeira. Seria o mundo todo assim?" – pergunta-se Celestina, descrente da existência de um lugar onde a vida se faça menos opressiva. Consideremos o interior da casa-grande. Dois aspectos merecem especial atenção: os móveis e a mistura na decoração de artefatos brasileiros e europeus. Com relação ao primeiro aspecto, cabe frisar que os móveis são invariavelmente descritos como "severos e duros" (Penna, 1958, p. 816). Em outro trecho, temos: "(...) os móveis sombrios, lisos e quase ameaçadores em sua severidade" (Penna, 1958, p. 806). Um adjetivo pouco comum para móveis: "ameaçadores". Costa Lima (2005, p. 109) observa, com razão, que o fausto dos objetos não é apenas severo, mas, acima de tudo, para aqueles que os contemplam, opressivo: "Pois o fausto detalhado com que são descritos os objetos, sua copiosa quantidade, não é um fausto neutro, nem só severo, mas sim um fausto opressivo". Tudo contribui, na decoração da casa, para que as pessoas se sintam – sobretudo as mais vulneráveis, como as parentas empobrecidas vivendo como agregadas –, permanentemente humilhadas (a humilhação é, certamente, um dos sentimentos mais referidos pelo narrador em suas incursões na interioridade das personagens).

Penna frisa sempre, poderíamos dizer com insistência obsessiva, a cor escura e a aparência sombria dos móveis. Carlota encontra um armário "de jacarandá muito escuro, onde se sentia a vontade de quem o fizera de torná-lo majestoso e severo, em sua tinta sombria e pelas duras colunas maciças a sustentarem o frontão em forma de templo" (Penna, 1958, p. 1264). "Sombrios", "pesados", "duros", "escuros" – os móveis têm sempre um forte aspecto funerário. Dissemos antes que são desprovidos de vivacidade, não emitem brilho, a exemplo do lampião a que nos referimos atrás, com seus agourentos "olhos sem brilho".

Sinhá Rôla e Dª Inacinha, duas senhoras aparentadas do Comendador, que vivem como agregadas, observam a luz que cai sobre a cômoda do quarto que lhes pertence:

> Em despedida, límpido raio de sol atravessou o quarto e foi iluminar a pesada cômoda de madeira negra com puxadores de marfim, e toda ela se iluminou em esplendor sombrio, e quando as duas irmãs a olharam, pareceu-lhes o carneiro de longínquo campo santo, guarda cioso de todos os seus mortos. (Penna, 1958, p. 1.251)

Nem sequer a luz do sol – símbolo tradicional da vida e da renovação – é capaz de mitigar o aspecto mortuário dos móveis. Pelo contrário, ao incidir sobre a cômoda, parece render-se à alma agourenta do objeto, de modo que, ao iluminá-lo, produz um "esplendor sombrio". As duas irmãs que contemplam a cômoda têm a sensação de estarem vendo nada menos que um túmulo...

Como tudo em *A Menina Morta*, os móveis são enigmáticos em suas possíveis significações. Do nosso ponto de vista, eles encerram uma ambiguidade essencial. Por um lado, são verdadeiros signos da morte, o que fica bastante evidente pelos adjetivos que lhes são destinados, como já visto. Por outro lado, não deixam de apontar para o desejo de uma classe senhorial de preservar-se ao longo das gerações e criar uma tradição familiar.

Gilberto Freyre (1996, p. 104), ao comparar os móveis das antigas casas-grandes de engenho com aqueles dos sobrados urbanos, nota que os primeiros são muito mais robustos, pesados, destinados naturalmente a passarem de uma geração à outra. Já no sobrado da cidade, esmorece o desejo de perpetuação: "Cadeiras e camas não as necessitava tão fortes o homem ou a matrona de sobrado...". Com olho agudo e preparado (bem como nostálgico) para extrair a significação dos objetos materiais da casa-grande, Freyre bem sabe que a robustez daqueles móveis de jacarandá reflete o desejo de uma classe de perpetuar-se indefinidamente na História.[5]

Um desejo que o romance frustra a cada passo. O Comendador – "aquela presença masculina, poderosa, fonte e origem em potência de muitas vidas, que viriam ao mundo ricas de seiva e se prolongariam e multiplicariam pelos séculos" (Penna, 1958, p. 1.058) – morre vitimado por febre amarela no Rio de Janeiro. Sua filha criança, futura herdeira, está morta. A governanta Dª Virginia, quando prepara a menina para o enterro, faz o seguinte comentário: "Ainda se vê ser menina destinada a tornar-se mulher robusta, capaz de ter muitos filhos e fundar outra fazenda ainda maior que esta! Não há justiça nesse mundo... não" (Penna, 1958, p. 741). A filha mais velha, Carlota, após a morte do pai desistirá do casamento que lhe tentaram impor e tomará providências administrativas que acabarão ferindo de morte a fazenda. Em resumo, o Grotão é um mundo que desmorona diante de nossos olhos e para sempre. Portanto, embora sejam sólidos, robustos, pesados, os móveis descritos não garantem o prosseguimento das gerações e do trabalho naquele lugar nos moldes do presente. A morte foi feita para eles – ou talvez o museu. É um mobiliário fúnebre, que amedronta todos aqueles que dele privam; está atrelado a certa tradição patriarcal que cede espaço a novas formas de habitação e convivência social. Isso fica muito claro quando o narrador faz menções ao irmão do Comendador, também fazendeiro, e próspero. Há competição e hostilidade entre os irmãos:

> Sabia [Virgínia] também ser tempo de virem notícias de seu outro primo, do irmão do Comendador, que recebera o título de visconde

---

5. Walter Benjamin (1995, p. 96) verifica algo muito semelhante em relação à sua própria família burguesa. Em seu belo texto de memórias, *Infância em Berlim por volta de 1900*, ele relata a visita que faz à avó materna. Repara ali nos móveis que se entregam confiantes ao futuro, como se ciosos da "durabilidade do material": "Com que palavras descrever o sentimento imemorial de segurança burguesa que procedia daquela casa? [...] A miséria não tinha vez naqueles aposentos, nem mesmo a morte". Segurança burguesa e riqueza que passam dos pais aos herdeiros, pretensamente numa linha temporal que desconhecerá interrupções, a exemplo dos sólidos móveis confiantes no futuro.

e vivia na fazenda de sua propriedade, ainda no caminho da Corte, e cujas grandezas lançavam uma sombra na testa do Senhor quando as visitas vindas da capital contavam o que em sua casa tinham visto e admirado. (Penna, 1958, p. 813)

Dª Virgínia, que viera para a fazenda do Comendador "enlouquecida de dor e de humilhação" (Penna, 1958, p. 814) após seu marido alcoólatra e violento dilapidar todas as posses da família, integra-se muito mal ao Grotão na condição de agregada, sentindo-se desprestigiada pelo fazendeiro e, principalmente, por sua esposa. Por isso, não perde oportunidade de "alfinetar" o proprietário, numa espécie de vingança dos fracos. Tendo conhecido a casa do irmão rival e seu mobiliário, "aquelas maravilhas francesas", aproveita para num jantar incomodar o Comendador com a lembrança desses itens:

– Primo Comendador, como são os dunquerques de *marqueterie* que apareceram à venda agora na Corte?

O Senhor abaixou os olhos depressa para o prato colocado diante dele, ainda bem quente, pois fora passado em água fervendo para conservar o calor, e nada respondeu. Parecia não ter querido ver o brilho de pequeno triunfo que fazia reluzir as pupilas de sua parenta, nem o riso preso nos cantos dos seus lábios. (Penna, 1958, p. 817)

É sintomático que, para um escritor tão atento ao ambiente e seus objetos, a diferença entre os irmãos seja marcada justamente pelos tipos diversos de móveis que possuem. O Comendador permanece na fazenda que antes fora dos pais, mantém os móveis antigos, ou seja, tenta dar prosseguimento a uma tradição que sabemos defunta. O irmão visconde, por sua vez, adquire sua própria fazenda e está sintonizado com as novas modas francesas no que se refere à beleza e ao conforto da casa.

Outro ponto que merece destaque na decoração da casa é o misto que se encontra entre produtos rústicos da fazenda, outros vindos da Corte e produtos importados do estrangeiro, que remetem a hábitos e paisagens da Europa. Enfim, trata-se da elite rural, e há certamente o ativo desejo de prestígio que pode advir das referências às metrópoles centrais. O resultado dessa mescla é de grande efeito crítico, se levarmos em conta – e Penna nunca descuida desse importante aspecto – que o luxo é sustentado pela escravidão, que a "civilização", portanto, dá aí as mãos à barbárie. Quando o Comendador se dirige ao quarto que divide com a esposa, detém-se um momento atento à maçaneta da porta:

> Com a mão erguida, sem tocá-la, o dono da fazenda examinou a maçaneta da porta e pela primeira vez, depois de tantos anos de contínuo manuseio, desde que tinha vindo da Corte, trazida no meio de mil coisas que mandara buscar para completar a grande casa em reconstrução, viu que algum pintor romântico tinha pintado nela a figura de Cupido... (Penna, 1958, p. 786)

A maçaneta com o Cupido é elaboração de uma *contradição crítica* em relação ao casamento patriarcal. A esposa do Senhor vive enclausurada no quarto, adoece gradativamente de irrefreável depressão e doença mental não especificada. A imagem do Cupido (símbolo do amor) é radicalmente desmentida pelos casamentos da época, arranjados conforme interesses econômicos visando ao aumento do patrimônio. O simbolismo é romântico ("algum pintor romântico"), mas o casamento é pré-romântico.[6]

Mais contundentes, talvez, sejam as contradições cenográficas, por assim dizer, que fazem reverberar na casa-grande da fazenda escravocrata figurações prestigiosas de origem europeia. Há um sem-número de referências no romance aos elementos estrangeiros.

---

6. Conforme Evaldo Cabral de Mello (1997, p. 397; p. 413-414): "É sabido que, no casamento pré-romântico, a felicidade conjugal não decorria predominantemente do relacionamento entre marido e mulher mas do atendimento de outras necessidades práticas de que o casal era apenas o instrumento". Como ainda esclarece o historiador, a família patriarcal impõe limites severos e opressivos às relações entre seus membros: "Apesar da estrutura conjugal, a família de engenho do patriarcalismo tardio não aboliu as distâncias entre marido e mulher ou entre os pais e os filhos [...] A família patriarcal era sobretudo o produto de uma concepção autoritária da natureza das relações entre seus membros."

Por exemplo, "as tigelas de porcelana inglesa em desenhos multicores representando cenas do campo" (Penna, 1958, p. 921). E também: "(...) guardadas em grandes caixas de papelão vindas de Paris" (Penna, 1958, p. 790). Para fazerem o vestido de noivado de Carlota, as senhoras da fazenda consultam todos "os números da *Mode Ilustrée*, acumulados na prateleira mais alta do armário grande do corredor" (Penna, 1958, p. 1.045). Ao prepararem doces, as senhoras e as ajudantes negras utilizam "especiarias, vindas de reinos distantes (...)" (Penna, 1958, p. 1.161).

E na sala de jantar despontam figuras fidalgas: "(...) a grande sala de jantar onde a vida dos personagens de papel da parede, fidalgos saídos de seus castelos para subir em carruagens ou montados em seus cavalos fogosos (...)" (Penna, 1958, p. 939). Na fazenda escravocrata, nos trópicos escaldantes, não faltam também, colocadas nas paredes, ilustrações que representam paisagens nevadas: "(...) nas gravuras da Europa que ornamentavam as paredes do corredor os horizontes longínquos, pontuados de picos envoltos em neve nos céus sem fim, levemente azulados (...)" (Penna, 1958, p. 839-840).

Em seu ensaio "As Ideias Fora do Lugar", Roberto Schwarz cita um estudo (manuscrito) de Nestor Goulart Reis Filho intitulado *Arquitetura Residencial Brasileira no Século XIX*, que registra muito bem o disparate entre a decoração das casas rurais e a realidade externa na qual se encontram. O comentário diz respeito a casas rurais em São Paulo, mas, ao que tudo indica, considerando-se as descrições de Penna, serve muito bem para clarificar o desajuste da casa do Grotão em face de seu contexto mais geral:

> A transformação arquitetônica era superficial. Sobre as paredes de terra, erguidas por escravos, pregavam-se papeis decorativos europeus ou aplicavam-se pinturas, de forma a criar a ilusão de um ambiente novo, como os interiores das residências dos países em industrialização. Em certos exemplos, o fingimento atingia o absurdo: pintavam-se motivos arquitetônicos greco-romanos – pilastras, arquitraves, frisas etc. – com perfeição de perspectiva e sombreamento,

sugerindo uma ambientação neoclássica jamais realizável com as técnicas e materiais disponíveis no local. Em outros, pintavam-se janelas nas paredes, com vistas sobre ambientes do Rio de Janeiro, ou da Europa, sugerindo um exterior longínquo, certamente diverso do real, das senzalas, escravos e terreiros de serviço. (Filho *apud* Schwarz, 1992, p. 20)

A técnica narrativa de Penna coloca lado a lado objetos e demais figuras do mundo europeu, de prestígio cultural e de nítida conotação "civilizadora", e aspectos cotidianos da vida dos proprietários em fazenda escravocrata. *O resultado é de grande plasticidade sensorial e agudo efeito crítico.* As estratégias do escritor são admiráveis nesse jogo incessante de produzir tais contradições, que parecem berrar, estridentes, à consciência do leitor. Leia-se mais este exemplo: "O Comendador repeliu sem aspereza o negrinho que lhe viera desatar as botas e trazer-lhes os chinelos bordados a ponto de cruz formando cara de gato e ficou então inteiramente a só" (Penna, 1958, p. 785). A descrição, que desce à minúcia do detalhe elegante – o bordado do chinelo em forma de gato – vem acompanhada da ação cotidiana do pequeno escravo que vem tirar as botas do Senhor e entregar-lhe o outro calçado; torna ainda mais contundentes a miséria da criança e a atividade humilhante que lhe é imposta por meio da menção ao detalhe do bordado, conferindo maior visibilidade à aberração daquele contexto, exacerbando seu caráter intolerável pela aproximação dos contrários: o luxo do Senhor, a escravidão do negrinho.

A riqueza que provém do trabalho escravo merece, por parte do narrador, outra cena memorável, e muito esclarecedora para Carlota, cuja consciência da brutalidade do regime está lentamente despertando. Celestina irá se casar com um médico que cuidou de sua saúde durante uma prolongada doença, e deixará enfim o Grotão. Carlota, já responsável pela administração da fazenda devido ao recente falecimento do pai, resolve então presentear o futuro marido de sua parenta com dinheiro, como forma de auxílio e manifestação de afeto. Segue-se este diálogo entre Carlota e o médico:

– Não quis entregar a Celestina para não termos essa recordação entre nós, no último dia de sua estada no Grotão, e portanto espero que receba e guarde esta importância, pois meu pai e eu sempre consideramos obrigação dar à nossa parenta...

Ao ver que continuava calado, visivelmente em luta consigo mesmo, no esforço de conter as palavras que lhe vinham à boca, Carlota deixou-se cair em sua poltrona e perguntou com estranha timidez:

– Não quer receber... de minhas mãos?

– Não, minha senhora, não é isso... – conseguiu ele articular com dificuldade – eu tudo receberia das mãos de V. Exª, mas esse... dinheiro!

Carlota olhou para a seda preta e maquinalmente abriu-a na intenção inconsciente de averiguar o motivo de repulsa que havia nos bilhetes de banco, onde surgia a efígie do jovem Imperador, e que agora deixara cair em seu regaço.

– Não quer este dinheiro... – balbuciou sem compreender e levantou os olhos, espantada, para ver se lia a resposta no rosto dele, sempre contraído – Não sei o que quer dizer...

– Não quero esse dinheiro, porque não o ganhei com meu esforço, e ele... – e com dificuldade concluiu – ele tem sangue... (Penna, 1958, p. 1.254)

O mundo concentracionário do Grotão começa a rachar e revelar seus segredos para a adolescente por meio desse médico, não por acaso alguém que vem de fora, que portanto, guarda uma distância essencial da fazenda movida a trabalho subjugado, e que pretende, como explicita, ganhar a vida com esforço próprio. Nega o dinheiro pois sabe que ele é lavado no sangue escravo. A reação de Carlota, nessa aurora de sua consciência crítica, é dupla e ainda vacilante. Num primeiro momento, sente-se humilhada e desacatada pelo médico: "Sentiu intenso calor subir à cabeça, porque ouvia com certeza insinuação infamante a seu pai e a todos os seus..." (Penna, 1958, p. 1.254). Por outro lado, a resposta do médico, a associação por ele feita – e, para ela, totalmente inesperada, entre dinheiro e sangue – faz com que um rio subterrâneo de violência e dor comece a aflorar, a chegar à superfície e a incomodar com força cada vez maior: "Ao mesmo tempo ressoavam em seus ouvidos gritos de agonia e gemidos sem nome, em coro crescente e cada vez mais alto, a ameaçar entontecê-la completamente" (Penna, 1958, p. 1254).

Como observa o professor e crítico italiano Roberto Vecchi, *A Menina Morta* é um romance caracterizado, fundamentalmente, pela "representação de interdições": o leitor pressente o tempo todo que há uma "verdade" que lhe foge, que está nos bastidores da cena, sempre quase por revelar-se, mas escapando em sua integralidade:

> Nessa narrativa melancólica e lutuosa sobre o patriarcado rural escravocrático, o leitor do romance lento e aparentemente estagnado, se encontra imerso numa experiência comum aos outros habitantes da Casa-Grande: a interdição sistemática a todo tipo de informação. (Vecchi, 2008, p. 126)

O romance é percorrido de ponta a ponta por um silêncio opressivo, sentido pelas personagens e, decerto, pelo leitor.

Pode-se dizer que Penna, com grande domínio da técnica literária, trabalha com duas narrativas simultaneamente: a trama aparente do dia a dia dos moradores da casa-grande em seus afazeres domésticos; e outra, relativamente subterrânea, referente àquilo mesmo que sustenta a vida material dos senhores, a saber, o trabalho escravo. Como temos insistido, a narrativa é quase toda direcionada para o que se passa no interior da casa, com poucas cenas externas. O resultado ficcional, como também observado, é a produção de um clima opressivo e de tensão extrema e continuada.

Todas as personagens sentem medo, mas não sabem muito bem de quê. Sinhá Rôla observa sua irmã a rezar o rosário e dela se aproxima. Percebe que a irmã reza e faz súplicas aos santos e

[...] então levantou-se e segurou Dª Inacinha pelos ombros, e interrogou-a baixinho:
– Por que você está com medo?
– Não sei... – respondeu em um cochicho – só sei que tenho medo.
(Penna, 1958, p. 927-928)

O regime de escravidão faz parte da rotina dos habitantes do Grotão. É parte da ordem natural das coisas cotidianas. Apenas aos poucos a consciência de que essa "naturalidade" é a barbárie socialmente construída vai chegando às personagens, muito especialmente à figura de Carlota. Em determinado momento, ela ouve ecos dos escravos jantando nas senzalas e até mesmo gargalhadas, mas também estava informada de que o pai havia dado ordens expressas, antes de partir em viagem à Corte, para feitores e guardas manterem-se armados e atirarem ao primeiro sinal de revolta.

Assim ela estava informada de que toda aquela paz, *na aparência nascida da ordem e da abundância*, todo aquele burburinho fecundo de trabalho, guardavam no fundo *a angústia do mal*, da incompreensão dos homens, a ameaça sempre presente de sangue derramado. (Penna, 1958, p. 1.103, grifos nossos)

A crosta, a *aparência de normalidade,* é rompida pela consciência de sua razão: os trezentos escravos da fazenda são mantidos sob feroz vigilância. Então, por baixo de uma camada de verniz civilizatório (se pensarmos na casa-grande e seus luxos) pulsa a "angústia do mal".

Ao compulsarmos registros fotográficos do século XIX, chamou-nos particularmente a atenção o documento que reproduzimos a seguir. Trata-se de uma foto de José Henrique Papf, de 1899, que mostra uma babá brincando com uma criança na cidade de Petrópolis (RJ):

Cremos que a foto de Papf ajuda a compreender algo da dupla narrativa de Penna, conforme procuramos caracterizá-la. Pois supomos que, para o espectador contemporâneo, essa foto também é indissociável de uma "dupla narrativa": uma que está colocada na superfície e se entrega diretamente à visão; e outra, que resulta de conhecimento prévio do contexto histórico-social e, naturalmente, de interpretação. A foto, cuja data é de apenas 11 anos após a Abolição da escravidão no país, mostra uma babá negra (aparentemente, bastante jovem) e uma criança branca brincando de "cavalinho", uma diversão infantil bastante conhecida. Em princípio, a representação tem um significado muito claro, e é pertinente supor que a diversão é mútua, que há carinho e empatia recíproca entre as figuras. Não obstante, parece-nos que a foto dificilmente escapa de outra interpretação possível, que tem diretamente a ver com a herança da escravidão, no caso em pauta de recentíssima memória. Assim, a despeito do tema infantil e divertido, pulsa, *por trás* da superfície imagética, a "angústia do mal" (para usar a expressão de Penna) derivada do trabalho subjugado, que invade, perfura a crosta, e impregna o visível do sentimento de exploração e violência.[7] Tal e qual sucede em *A Menina Morta*, guardadas evidentemente as diferenças das duas expressões artísticas: seja na foto, seja no romance, a "aparência nascida da ordem e da abundância" esconde – mas jamais chega a obliterar completamente – uma história segunda, terrível e violenta, sem a qual a primeira ou não existiria ou seria muito diferente de como se apresenta.

O aprendizado da adolescente Carlota, seu verdadeiro "romance de formação", completa-se com um passeio pela fazenda, momento no qual sai do interior da casa: e o que ocorre é que o que está fora explica o que *sempre esteve* dentro. Vejamos. Como é recorrente em Penna, o surgimento de uma nova compreensão da vida e dos fatos da fazenda inicia-se com a aguda percepção de elementos materiais. Acordando muito cedo pela manhã, Carlota levanta-se da cama e depara-se com as duas mucamas que lhe serviam:

---

[7]. Embora bastante conhecida, não nos furtamos a citar, a esta altura, a célebre passagem das *Memórias Póstumas de Brás Cubas*, de Machado de Assis, que nos acorre à mente, de forma inapelável, ao analisarmos a foto de Papf: "Desde os cinco anos merecera eu a alcunha de 'menino diabo'; e verdadeiramente não era outra coisa; fui dos mais malignos do meu tempo, arguto, indiscreto, traquinas e voluntarioso [...] Prudêncio, um moleque de casa, era o meu cavalo de todos os dias; punha as mãos no chão, recebia um cordel nos queixos, à guisa de freio, eu trepava-lhe ao dorso, com uma varinha na mão, fustigava-o, dava mil voltas a um e outro lado, e ele obedecia – algumas vezes gemendo –, mas obedecia sem dizer palavra, ou, quando muito, um – 'ai, nhonhô!' – ao que eu retorquia: – 'Cala a boca, besta!'" (Assis, 2001, p. 87).

> Quando pronta, abriu a porta do gabinete, e parou surpresa ao ver Joviana e Libânia, envolvidas em cobertas miseráveis, deitadas cada uma em sua esteira, diretamente estendida sobre o soalho. *Nunca as vira assim e se as tivesse visto antes, não sentiria o aperto que lhe fez parar o coração...* teve vontade de voltar, de arrancar seu colchão de penas escolhidas cuidadosamente entre as mais macias do peito dos gansos, de arrastar suas enormes travesseiras tão leves e fofas, para dá-las àquelas pobres mulheres que a serviam com a dedicação silenciosa de todos os instantes. (Penna, 1958, p. 1.224, grifo nosso)

Ao ver as escravas, Carlota compadece-se da situação miserável de ambas, com o contraste entre as "cobertas miseráveis" das mucamas e seu leito e travesseiros macios; tão importante quanto a percepção das diferenças é outro dado apontando pelo narrador: embora tendo sido criada na fazenda, é como se Carlota visse a desigualdade pela primeira vez. Esse dado iniciático reaparece logo à frente e com muito mais força, considerada a nova situação confrontada pela personagem. Passando pelo pátio, aproximando-se das senzalas, chegando enfim a outra dependência afastada da casa-grande, começa a ouvir gemidos, um "lamento profundo e sombrio" que vai se tornando mais nítido. Por fim:

> Realizou então serem escravos no tronco, e lembrou-se a sorrir das histórias contadas de que a menina morta ia 'pedir negro'... Mas, o sorriso gelou-se nos seus lábios, *porque agora via o que realmente se passava,* quais as consequências das ordens dadas por seu pai e como aqueles homens velhos, os feitores de longas barbas e de modos paternais, que a tratavam com enternecido carinho, cumpriam e ultrapassavam as penas a serem aplicadas [...] corpos que via agora contorcidos pela posição de seus braços e pernas, presos no tronco, e cujo odor de feras enjauladas lhe subia estonteante às narinas. Parecia-lhe monstruosa a cena, no entretanto muitas vezes vivida em sua memória, e tantas outras contadas pelas mulheres e irmãs daqueles agora diante dela... (Penna, 1958, p. 1.225-1.226, grifo nosso)

Novamente, como que pela primeira vez, Carlota enfim toma ciência do tratamento dado aos escravos. Como na citação anterior referente às mucamas, a consciência dos fatos torna-se ainda mais aguda e contundente porque processada em relação à sua própria experiência de vida confortável: no exemplo anterior, as diferenças das condições materiais de descanso noturno; aqui, são os feitores, que invariavelmente a tratavam com "enternecido carinho", mas que, no que diz respeito aos escravos, excediam-se em crueldade e violência para além das ordens do patrão.

Outro fato importante da passagem é a desmistificação da "menina morta", a irmã de Carlota que morreu ainda criança. Venerada pelos brancos da casa-grande e ao mesmo tempo pelos escravos, ela funcionava como um *elemento mediador* entre dois universos inconciliáveis, o dos senhores e o dos escravos, aproximando-os pelo sentimento de adoração comum. A menina, quando viva, costumava "pedir negro", isto é, pedia para que certos escravos não fossem castigados e açoitados. Pedidos que obviamente podiam livrar um ou outro escravo de eventual punição, mas que em nada comprometia o sistema como um todo, feito de arbítrio e violência extrema. É o que percebe Carlota, que chega a sentir então "ódio da criança ligeira de andar dançante" (Penna, 1958, p. 1.225), que gostava de brincar de intervir, vez por outra, em favor de algum escravo que seria castigado. Nessa perspectiva, ela destrói o mito da "menina morta", matando-a uma segunda vez.

O passo seguinte de Carlota, como herdeira da fazenda, é a libertação dos escravos. Estes não se alegram, e sim aturdidos com a nova condição de homens livres. Como se sabe, mesmo à Abolição oficial não se seguiram medidas de apoio à população negra, deixada ao deus-dará numa sociedade que, bem ou mal, ia se modernizando, e a esfera do trabalho, doravante marcada pelo trabalho assalariado, exigia qualificações mínimas.

Um dia, sem que nada fizesse prever qualquer coisa de novo, os escravos receberam à noite, das mãos dos feitores, *irritados*, suas cartas de alforria, e voltaram para as senzalas, *atônitos*, sem saberem explicar a si próprios o terem passado de sua miserável condição de escravos para a de homens livres, assim, de repente, sem cerimonial algum. (Penna, 1958, p. 1.280, grifo nosso)

O cultivo do café, historicamente, teria longa carreira pela frente, só estancada com a grande crise internacional de 1929. No que se refere à fazenda do Grotão, considerando-se as informações do narrador, nota-se que se trata de um empreendimento agrícola que não conseguiu se modernizar, permanecendo atrelado à força de trabalho escravo, ora extinto. Assim sendo, um dia após a libertação:

> A manhã seguinte foi de inteira apatia, de parada na vida ritmada e possante da fazenda, repentinamente ferida de morte [...] O Grotão parecia ter deixado de existir, e suas numerosas e irregulares construções tomaram logo o aspecto sonolento e soturno de ruínas, misteriosamente apodrecidas, resignadas a viverem em surdina, enquanto o tempo e a usura dos elementos as permitiam sobreviver ao calor dos homens que as tinham abandonado. (Penna, 1958, p. 1.280-1.281)

O Grotão não deixa de existir completamente, a vida ali continua e também a produção agrícola, mas "dentro de outro ritmo, sem a antiga pujança, desaparecida para sempre" (Penna, 1958, p. 1.281).

Cumpre assim Carlota sua missão transgressora, que no romance se revela a ela de forma lenta e progressiva. Decidida a ficar no Grotão até morrer, tem consciência do abismo entre sua geração e a dos pais. A antiga fazenda foi "ferida de morte", o que a enche de orgulho: "(...) ergueu a cabeça e todo o seu corpo vibrou com surda e irreprimível alegria e a convicção inescrutável de que espalhava a morte e a ruína em torno dela, a encheu de sinistro orgulho" (Penna, 1958, p. 1.287).

Voltemos um pouco na trama para nos determos em certos momentos íntimos das irmãs Dª Inacinha e Sinhá Rôla, que compartilham o mesmo quarto na casa-grande, para concluirmos nosso capítulo. Até aqui, vimos como a casa é um verdadeiro ambiente mortuário, que envolve, em seu clima opressivo, todas as relações interpessoais, esmagando toda possibilidade de contato afetivo entre os membros do grupo. As irmãs prepararam-se para deixar definitivamente a fazenda, por isso começam a arrumar seus poucos pertences no aposento. A cena das irmãs nos interessa particularmente, pois une a apreciação de objetos reunidos no decorrer de muitos anos, enlaçando percepção material objetiva e lembranças. Também é momento que ousaríamos caracterizar como *momento de resistência*, quando as irmãs, sozinhas com seus despojos, se voltam para as próprias experiências vividas e atualizadas pela memória. É um episódio de grande delicadeza nesse romance tão duro e sombrio, no qual as senhoras escapam da violência inerente ao ambiente no refúgio profundo da interioridade, onde se deposita à disposição de resgate uma herança inalienável.

> Abriram de par em par as portas enormes do alto guarda-roupa de colunas, que só ele enchia um dos lados do aposento, e puseram-se a retirar do fundo das duas prateleiras onde eram guardadas as armações das crinolinas muitos fardos envolvidos em tecido de algodão alvejado, alguns ainda tal qual tinham sido postos ali, quando da sua chegada. Mais acima de suas cabeças pendiam os vestidos volumosos, presos a cabides de longas hastes, para poderem ser alcançados, *e reviviam as cenas principais da vida delas, em sua lembrança envelhecida e gasta.* (Penna, 1958, p. 1219, grifo nosso)

Gaston Bachelard, em páginas de grande beleza de seu *A Poética do Espaço*, que congregam reflexão filosófica e intuição poética, fala da importância dos armários e das gavetas para a "vida psicológica secreta", a intimidade e as lembranças pessoais.

> O armário e suas prateleiras, a escrivaninha e suas gavetas, o cofre e seu fundo falso são verdadeiros órgãos da vida psicológica secreta. Sem esses 'objetos' e alguns outros igualmente valorizados, nossa vida íntima não teria um modelo de intimidade [...] Todo poeta dos

móveis – mesmo um poeta em sua mansarda, um poeta sem móveis – sabe por instinto que o espaço interior do velho armário é profundo. O espaço interior do armário é um *espaço de intimidade*, um espaço que não se abre para qualquer um. (Bachelard, 2005, p. 91, grifo do autor)

Bachelard (2005, p. 33) destaca este ponto: o armário só abre efetivamente suas portas e revela seus segredos para aquele que ali guardou suas experiências únicas de vida, que voltam pela memória e pelo trabalho atual da imaginação: "Só eu, em minhas lembranças de outro século, posso abrir o armário profundo que guarda ainda, só para mim, o cheiro único, o cheiro das uvas que secam na grade. O cheiro da uva! Cheiro-limite, é preciso muita imaginação para senti-lo".

A cena das irmãs descrita pelo narrador casa-se perfeitamente à reflexão de Bachelard. As senhoras penetram cada vez mais fundo no interior do armário, o que significa aí mergulhar cada vez mais fundo no mar de lembranças pessoais:

> as duas caixas, onde se amontoavam cartas amarelecidas, muito antigas, alguns daguerreótipos e mechas de cabelo, envolvidas em papéis já queimados pelo tempo. Alguns deles e também vários pacotes de missivas, separados e amarrados por fitas, eram as recordações de noivado e casamento dos pais, sempre lidas com o mesmo encantamento que teriam se fosse o romance da vida de cada uma. *Muitas vezes, nas horas de miséria e de perseguição, tinham sentido o calor delas emanado a reanimá-las como se estivessem a recordar passagens de suas próprias existências, passagens essas muito íntimas, ignoradas por todos.* (Penna, 1958, p. 1.221, grifo nosso)

Lembrança e imaginação se misturam de forma inextricável, e a memória dos pais, para além das pessoas reais que foram com seus defeitos e sofrimentos, faz com que as irmãs revivam sua "mocidade muito pura e suave" e ouçam "palavras de amor de figuras sem traços, tão esmaecidas quanto aquelas fotografias" (Penna, 1958, p. 1.221).

Como dissemos, podemos compreender a cena como uma resistência, o refúgio no eu profundo em face de um cenário externo hostil. Resistência débil, certamente "ignorada por todos", mas que registra a possibilidade de manter a própria humanidade, uma dose de ternura, em contexto hostil. Quando enfim deixam a fazenda, as irmãs entregam o quarto absolutamente limpo e vazio, partem sem deixar vestígios, o que faz com que Dª Virgínia, maldosamente como de hábito, comente com Carlota: " – Dentro em pouco ninguém mais se lembrará delas – disse a senhora – e não teremos prova nenhuma de terem estado aqui..." (Penna, 1958, p. 1.279).

Museus de ruínas

Em denso ensaio sobre o *Gattopardo* de Visconti, Lino Micciché (1996, p. 19) observa o caráter de síntese do episódio do baile, que une e reintegra com grande impacto estético as principais linhas de força dispersas por todo o filme: a Morte, a História, a Beleza. O baile esclarece o sentido profundo da narrativa, e, conforme inspirado em Lampedusa, mas igualmente em Proust e Stendhal (dois escritores muito estimados também pelo próprio Lampedusa),[1] "enuncia definitivamente aquele que lhe é o tema sutilmente secreto, o Tempo". Tema secreto que pode também ser estendido à fonte literária. O tema do Tempo é enfatizado no baile; no entanto, como nota Lino Micciché, ele faz sua aparição já nos enquadramentos iniciais do filme:

> os portões fechados e enferrujados, os pilares fendidos, as estátuas puídas e lascadas, os muros descoloridos, o jardim deserto. Quase a sugerir que tudo aquilo que vemos na abertura do filme (até quando, na trilha sonora, o eco das jaculatórias toma o lugar da música nostalgicamente romântica de Rota), possa pertencer a um *hoje* abatido pelos anos e deserto de homens. (Micciché, 1996, p. 19, grifo do autor)

Já com essa abertura, cria-se a sensação para o espectador de que ele irá assistir a uma espécie de "implícito *flashback* sobre um passado que não existe mais, sobre histórias e personagens de um *ontem*, transcorrido e irrevogavelmente distante" (Micciché, 1996, p. 19, grifo do autor).

---

1. A erudição e o conhecimento artístico de Visconti são admiráveis, tendo ele se interessado não só por cinema, mas também por teatro, literatura, música clássica e ópera. Nessa perspectiva, deve-se dizer que se tratava de um artista que ultrapassava em muito quaisquer restrições nacionalistas, bebendo sempre das mais diversas fontes europeias. Lino Micciché (1997, p. 28), em outro ensaio, coloca em destaque essa voracidade viscontiana: "Em suma, não há cultura europeia que Visconti não tenha atingido, à qual não tenha se voltado, que não tenha evocado, da qual não tenha tirado inspiração [...] Foi cineasta, mas não somente cineasta: que o seu magistério, sem par na Europa por contemporâneas *continuidade contiguidade intensidade e qualidade,* abraçou o inteiro horizonte do Espetáculo. Similarmente foi italiano, mas não apenas italiano: que sua verdadeira pátria foi a cultura."

Ao Tempo como tema corresponde uma concepção de História que o filme engendra a partir de sua própria materialidade cenográfica (magistral, como temos insistentemente assinalado): "a superabundância decorativística, o caráter de filologia *in vitro*, a convulsão de tecidos, bibelôs e cortinados, *a História como vitrina*, em suma, e não como perene atualidade e *magistra vitae*" (Micciché, 1996, p. 21, grifo nosso).

Chama a atenção que, para um intelectual comunista como foi Visconti, a História não apareça como "mestra da vida", lição da qual extrai os ensinamentos para a construção de uma utopia social revolucionária. No contexto específico do filme, a resposta para o dilema está, a nosso ver, na grande identificação – notada por muitos críticos – entre o príncipe de Salina e o conde (ainda que vermelho) Visconti. Há um grande ceticismo, compartilhado por ambos, no que toca à passagem do tempo e à evolução da sociedade italiana. A concepção de História que se poderia depreender do filme parece ressoar a famosa reflexão desalentada de Don Fabrizio:

> Tudo isso, pensava, 'não deveria poder durar; mas vai durar, sempre; o sempre humano, é claro, um século, dois séculos...; e depois será diferente, porém pior. Nós fomos os Gattopardi, os Leões; aqueles que nos substituirão serão os pequenos chacais, as hienas; e todos, Gattopardi, chacais e ovelhas, continuaremos a crer que somos o sal da terra.' (Tomasi di Lampedusa, 2014, p. 185)

O ponto referido por Micciché sobre o qual gostaríamos de nos deter com maior atenção é a concepção de "História como vitrina", que certamente implica a reconstrução minuciosa dos ambientes pelo diretor italiano. E não apenas isso. Trata-se de concepção que nos parece atravessar e unir as três realizações aqui analisadas na linha que propusemos: o *Gattopardo*, romance e filme, e *A Menina Morta*. Nas três obras cremos identificar o que poderíamos denominar de um *pathos museológico*, que se debruça pacientemente sobre os fins do século XIX para reconstruí-lo com uma extraordinária verossimilhança que detém, na forma artística, os traços marcantes daquele contexto sociocultural desaparecido.

Essa reconstrução museológica combina o vasto conhecimento factual que Lampedusa, Visconti e Penna tinham do material histórico com o qual lidavam, com uma exuberante imaginação concretizada em invenção ficcional. Vimos como Visconti idealiza a cenografia siciliana, que reconstrói embelezando-a, vale dizer, recobrindo-a com uma camada de ficção personalíssima; da mesma forma, os móveis sempre "severos" e "duros" da fazenda do Grotão são, em grande medida, frutos da imaginação material do colecionador de móveis antigos Cornélio Penna.

Aquilo que Lampedusa, Visconti e Penna reconstroem é um mundo para sempre extinto, colhido e representado justamente em seus últimos estertores. O que eles mostram nas *vitrinas* é uma coleção de ruínas. *Il Gattopardo* e *A Menina Morta* podem ser definidos como museus de ruínas. Ruínas que, em grande medida, nos fascinam. Nas obras italianas não deixamos de nos encantar com a beleza dos palazzi aristocráticos condenados pelos novos tempos; e no romance brasileiro, a despeito da violência escravocrata que a tudo permeia, não deixamos de ficar curiosos de passear imaginariamente pelos numerosos cômodos de uma típica casa-grande de fins do século XIX.

Há um aspecto revolucionário nessas obras: elas nos lembram do trabalho da morte e do esquecimento. Ao nos apresentarem ruínas, elas enfatizam que tudo está sempre mudando no correr da História, que absolutamente nada permanece como "perene atualidade" (para retomarmos a expressão de Micciché), que os descendentes do príncipe siciliano, bem como do Comendador escravocrata, não deterão prestígio e poder nos séculos sucessivos, pois a tradição pertinente agoniza inapelavelmente.

Vivemos hoje uma época que procura "exorcizar a morte e a fragilidade da vida a cada passo" (Perigalli, 2010, p. 79). As ruínas são uma recordação pungente da morte e da fragilidade. Nessa perspectiva, as ruínas constituem – notemos que a despeito do que poderiam pensar ou desejar o príncipe de Salina e o Senhor do Grotão – uma barreira contra a eficiência, contra a noção de um progresso contínuo e a arrogância do poder. As ruínas "permitem uma visão do mundo mais ampla, em que tudo já não esteja decidido, e o destino jogue sua parte" (Perigalli, 2010, p. 83).

A adolescente Carlota de *A Menina Morta* parece ter clara consciência de que, ao ferir de morte a tradição paterna, está iniciando *uma nova história*, acolhendo corajosamente a imprevisibilidade do destino, como propõe Perigalli; daí, muito provavelmente, a alegria e o orgulho que sente como semeadora de morte e de ruínas: "ergueu a cabeça e todo o seu corpo vibrou com surda e irreprimível alegria e a convicção inescrutável de que espalhava a morte e a ruína em torno dela, a encheu de sinistro orgulho" (Penna, 1958, p. 1287).

As ruínas, por seu caráter essencial de fragmento, de incompletude, conclamam a imaginação a completar a totalidade perdida. As ruínas são a ponta de um iceberg, e, a rigor, é impossível completar tudo aquilo que está desaparecido e fora do alcance da vista. É uma ingenuidade pensar que, a partir das ruínas de uma civilização perdida (Machu Picchu, Pompeia) se possa chegar a uma visão daquela sociedade em toda sua complexidade. O etnólogo Marc Augé (2003, p. 37) afirma que uma paisagem de ruínas "não reproduz integralmente nenhum passado e alude intelectualmente a uma multiplicidade de passados". As ruínas só nos podem proporcionar uma visão parcial, ela mesma fragmentada, do que teria sido a sociedade desaparecida.

Outra observação muito interessante de Augé (2003, p. 10) aproxima ruínas e recordação. Leia-se:

> A recordação se constrói à distância como uma obra de arte, mas como uma obra de arte já distante que adquiriu de imediato o estatuto de ruína porque, para dizer a verdade, a recordação, por quanto exata possa ser nas suas particularidades, jamais foi a verdade de ninguém.

Como endosso a esse comentário de Augé, poderíamos acrescentar, agora fazendo recurso ao discurso poético, a intervenção bastante conhecida do nosso poeta Waly Salomão (1998, p. 14-15): "a memória é uma ilha de edição". Ou seja, a memória é essencialmente um *processo psicológico construtivo*, e não um registro passivo dos fatos passados tais quais supostamente se deram. Supõe desde o início, portanto, deformação inevitável do evento passado pela perspectiva e valores presentes, interpretação, seleção, corte, montagem e também imaginação.[2] Ora, como demonstramos nos capítulos anteriores, tanto *Il Gattopardo* como *A Menina Morta* são romances que devem muito à memória pessoal dos escritores, às suas experiências do convívio familiar em passado remoto; e na adaptação cinematográfica as lembranças de infância de Visconti (com muitos pontos de contato com as de Lampedusa, bastando mencionar aqui a Casa Mãe aristocrática de grande importância para ambos) tiveram papel decisivo.

À memória, ao conhecimento dos fatos passados, Lampedusa, Visconti e Penna aliaram, a serviço da representação artística, a exuberante imaginação material que possuíam em larga escala. Falaram da grande História a partir de um olhar apaixonado e penetrante nas coisas menores, mas de forma alguma desimportantes, a saber, os ambientes familiares e os objetos. Por esse modo, criaram *quadros* (a palavra é bem justa, pois temos em mente os efeitos pictóricos das três obras) de grande vivacidade que permitem a leitores e espectadores uma viagem de descobrimento do passado.

Tal caráter de exuberância plástica da representação foi notado por muitos críticos. Christopher Woodward (2001, p. 222), por exemplo, diz que Lampedusa, ao celebrar "um mundo desaparecido" em seu *Gattopardo*, conseguiu criar inadvertidamente "um mundo novo e vívido sobre suas ruínas". Em uma "Nota Preliminar"

---

2. Como o diz belamente Gaston Bachelard (2005, p. 181): "Toda memória precisa ser reimaginada. Temos na memória microfilmes que só podem ser lidos quando recebem a luz viva da imaginação".

ao romance *A Menina Morta*, Augusto Frederico Schmidt (1958, p. 723) observa o seguinte: "Não se terá escrito sobre a escravidão no Brasil, até hoje [1955], nada mais impressionante do que alguns dos capítulos de *A Menina Morta*, o romance do Sr. Cornélio Penna, recentemente publicado". Com efeito, impressiona, a quem leia tais reconstituições ficcionais de mundos socioculturais desaparecidos, a minúcia realista das descrições dos dados materiais pertinentes à época retratada.

Ainda sobre esse ponto, vale a pena citar outro trecho de Woodward (2001, p. 226):

> Uma vez Lampedusa observou que, se a Europa fosse destruída por uma bomba de hidrogênio, Londres permaneceria imortal nos romances de Dickens enquanto Palermo desapareceria, porque nenhum grande escritor deixou a memória da cidade sobre papel. Isso foi antes que ele começasse a escrever. Me dei conta, e com efeito comecei a sorrir, que Santa Margherita é mais vívida como uma ruína que pode ser explorada usando como guia os escritos de Lampedusa, que se tivesse sobrevivida intacta.

Museus de ruínas, guias fartamente documentados para que possamos caminhar entre ambientes e coisas do final do século XIX, as obras de Giuseppe Tomasi di Lampedusa, Luchino Visconti e Cornélio Penna *animam* o passado com verossimilhança histórica e fértil imaginação material. No que diz respeito a nós que escrevemos estas páginas que agora se encerram, consideramos que são também obras de arte absolutamente memoráveis.

Anexo

Duas caixas de música que pertenceram a Cornélio Penna

Fotos realizadas pelo autor no Museu da Literatura Brasileira da Fundação Casa de Rui Barbosa - Rio de Janeiro, 2018.

Referências

ALICATA, Mario. Il Principe di Lampedusa e il Risorgimento Siciliano. *Il Contemporaneo*, Roma, Parenti Editore, n. 12, anno II, aprile 1959.

ANILE, Alberto; GIANICCE, Maria Gabriella. *Operazione Gattopardo*: Come Visconti Transformò um Romanzo di "Destra" in um Successo di "Sinistra". Milano: Feltrinelli, 2014.

ASSIS, Machado de. *Memórias Póstumas de Brás Cubas*. São Paulo: Ateliê Editorial, 2001.

AUGÉ, Marc. *Rovine e Macerie*: Il Senso del Tempo. Trad. Aldo Serafini. Torino: Bollati Boringhieri, 2003.

BACHELARD, Gaston. *A Poética do Espaço*. Trad. Antonio de Pádua Danesi. São Paulo: Martins Fontes, 2005.

BENJAMIN, Walter. "Infância em Berlim por volta de 1900". In: *Rua de Mão Única*. Trad. Rubens Rodrigues Torres Filho, José Carlos Martins Barbosa. São Paulo: Brasiliense, 1995 (Obras Escolhidas volume II).

BERTETTO, Paolo. "Il Simulacro e la Figurazione. Strategie di Messa in Scena". In: *Il Cinema di Luchino Visconti*. A cura di Veronica Pravadelli. Venezia: Marsilio Editori, Fondazione Scuola Nazionale, 2000.

BESSA, Marcelo. "Um Escritor na Contramão". Disponível em: <http://www.educacaopublica.rj.gov.br/biblioteca/literatura/0017a.html>.

BODEI, Remo. *La Vita delle Cose*. Roma-Bari: Editori Laterza, 2009.

CIMA, Tomaso M. "La Realizzazione". In: *Il Film Il Gattopardo e la Regia di Luchino Visconti*. A cura di Suso Cecchi D' Amico. Bologna: Cappelli Editore, 1963.

COSTA, Antonio. *La Mela di Cézanne e l'Accendino di Hitchcock*: Il Senso delle Cose nei Film. Torino: Einaudi, 2014.

ECO, Umberto. *Confissões de um Jovem Romancista*. Trad. Marcelo Pen. São Paulo, Cosac Naify, 2013.

EULÁLIO, Alexandre. "Os Dois Mundos de Cornélio Penna". In: *Tempo Reencontrado*: Ensaios sobre Arte e Literatura. Organização e apresentação de Carlos Augusto Calil. São Paulo: Instituto Moreira Salles; Editora 34, 2012.

FARINELLI, Gian (a cura di). *I Vestiti dei Sogni*: La Scuola dei Costumisti Italiani per il Cinema. Bologna: Edizioni Cineteca di Bologna, 2015.

FERRONI, Giulio. "Angelica e le Sirene". In: *Giuseppe Tomasi di Lampedusa*: Cento Anni dalla Nascita, Quaranta dal *Gattopardo*. A cura di Francesco Orlando. Palermo: Assessorato alla Cultura, 1996.

FINETTI, Ugo. Il Tema della Famiglia nell' Opera di Visconti. *Cinema Nuovo*. Rassegna bimestrale di cultura diretta da Guido Aristarco, Milano, Tipografia Stella Alpina, n. 202, anno XVIII, novembre-dicembre 1969.

FREUD, Sigmund. "O Poeta e o Fantasiar". In: *Arte, Literatura e os Artistas*. Trad. Ernani Chaves. Belo Horizonte: Autêntica, 2015.

FREYRE, Gilberto. *Sobrados e Mucambos*. Decadência do Patriarcado Rural e Desenvolvimento do Urbano. Rio de Janeiro: Record, 1996.

GILMOUR, David. *L' Ultimo Gattopardo*. Vita di Giuseppe Tomasi di Lampedusa.Traduzione dall'inglese di Franca Cavagnoli. Milano: Feltrinelli, 1988.

HILLMAN, James. "*Anima Mundi*: O Retorno da Alma ao Mundo". In: *O Pensamento do Coração e a Alma do Mundo*. Trad. Gustavo Barcellos. Campinas: Verus, 2010.

_____. *L'Anima dei Luoghi*. Conversazione con Carlo Truppi. Milano: Rizzoli, 2004.

_____. "Nei Giardini: Um Ricordo Psicologico". In: *Politica della Bellezza*. A cura di Francesco Donfrancesco; traduzione di Paola Donfrancesco. Bergamo: Moretti & Vitali Editori, 2005.

ISHAGHPOUR, Youssef. "L' Arte e la Vita: L' Unità dell' Opera e L' Impuro". In: *Studi Viscontiani*. A cura di David Bruni e Veronica Pravadelli. Venezia: Marsilio Editori, 1997.

IVO, Ledo. "A Vida Misteriosa do Romancista Cornélio Penna". In: PENNA, Cornélio. *Romances Completos*. Rio de Janeiro: Editora José Aguilar, 1958.

JUNG, Carl Gustav. *O Homem e seus Símbolos*. Concepção e organização de Carl Gustav Jung; tradução de Maria Lúcia Pinho. Rio de Janeiro: Harper Collins Brasil, 2016.

LIMA, Luiz Costa. *O Romance em Cornélio Penna*. 2ª edição revista e modificada. Belo Horizonte: Editora UFMG, 2005.

MARÍAS, Javier. "Odiar *O Gattopardo*". In: *Serrote*. Trad. de Joana Angélica D' Ávila Melo. São Paulo: Instituto Moreira Salles, 2011 (Edição Especial para a FLIP 2011).

MELLO, Evado Cabral de. "O Fim das Casas-Grandes". In: *História da Vida Privada no Brasil*. Volume 2: Império: a Corte e a Modernidade Nacional. Coleção dirigida por Fernando A. Novais; volume organizado por Luiz Felipe de Alencastro. São Paulo: Companhia das Letras, 1997.

MICCICHÉ, Lino. "Il Principe e il Conte". In: *Il Gattopardo*. A cura di Lino Micciché. Napoli: Electa Napoli, Centro Sperimentale di Cinematografia, 1996.

_____. "Visconti, Artista Europeo". In: *Studi Viscontiani*. A cura di David Bruni e Veronica Pravadelli. Venezia: Marsilio Editori, 1997.

NIGRO, Salvatore Silvano. *Il Principe Fulvo*. Palermo: Sellerio Editore, 2012.

ORLANDO, Francesco. *L' Intimità e la Storia*: Lettura del *Gattopardo*. Torino: Einaudi, 1998.

_____. *Ricordo di Lampedusa seguito da Da Distanze Diverse*. Torino: Bollati Boringhieri, 1996.

PARIGI, Stefania. "L'Ambiente come Sentimento". In: *Il Gattopardo*. A cura di Lino Micciché. Napoli: Electa Napoli, Centro Sperimentale di Cinematografia, 1996.

PASOLINI, Pier Paolo. "Gennariello: A Linguagem Pedagógica das Coisas". In: *Os Jovens Infelizes*: Antologia de Ensaios Corsários. Org. Michel Lahud; trad. Michel Lahud e Maria Betânia Amoroso. São Paulo: Brasiliense, 1990.

PENNA, Cornélio. *A Menina Morta*. In: *Romances Completos*. Rio de Janeiro: Editora José Aguilar, 1958.

PERIGALLI, Roberto. *I Luoghi e la Polvere*: Sulla Bellezza dell' Imperfezione. Milano: Bompiani, 2010.

_____. *Proust. Frammenti di Immagini*. Milano: Bompiani, 2013.

PESSOA, Fernando. *Livro do Desassossego*: composto por Bernardo Soares, ajudante de guarda-livros na cidade de Lisboa. Org. Richard Zenith. São Paulo: Companhia das Letras, 1999.

PEZZINI, Isabella. "Ragioni dei Sensi". In: *Nuove Effemeridi*: Rassegna Trimestrale di Cultura, Palermo, Edizione Guida, Anno IX, n. 36, 1996.

PRAZ, Mário. *La Filosofia dell' Arredamento*: I Mutamenti del Gusto nella Decorazione Interna attraverso i Secoli. Parma: Ugo Guanda Editore, 2012.

RILKE, Rainer Maria. "Os Últimos". In: *A Melodia das Coisas*. Org. e trad. de Claudia Cavalcanti. São Paulo: Estação Liberdade, 2011.

RONDOLINO, Gianni. "La Scenografia come Regia nell' Opera di Luchino Visconti". In: *Luchino Visconti, la Macchina e le Muse*. A cura di Federica Mazzocchi. Bari: Edizioni di Pagina, 2009.

SALOMÃO, Waly. *Lábia*. Rio de Janeiro: Rocco, 1998.

SCHIFANO, Laurence. *Luchino Visconti*: O Fogo da Paixão. Trad. Maria Helena Martins. Rio de Janeiro: Nova Fronteira, 1990.

_____. "Messa in Scena e Messa a Morte". In: *Studi Viscontiani*. A cura di David Bruni e Veronica Pravadelli. Venezia: Marsilio Editori, 1997.

SCHMIDT, Augusto Frederico. "Nota Preliminar". In: PENNA, Cornélio. *Romances Completos*. Rio de Janeiro: Editora José Aguilar, 1958.

SCHWARZ, Roberto. "As Ideias Fora do Lugar". In: *Ao Vencedor as Batatas*: Forma Literária e Processo Social nos Inícios do Romance Brasileiro. São Paulo: Livraria Duas Cidades, 1992.

SCIASCIA, Leonardo. "*Il Gattopardo*". In: *Pirandello e la Sicília*. Milano: Adelphi, 1996.

_____. "I Luoghi del *Gattopardo*". In: *Fatti Diverse di Storia Letteraria e Civile*. Palermo: Sellerio Editore, 1989.

SPALDING, Tassilo Orpheu. *Dicionário da Mitologia Latina*. São Paulo: Cultrix, 1993.

TARKOVSKI, Andrei. *Esculpir o Tempo*. Trad. de Jefferson Luiz Camargo. São Paulo: Martins Fontes, 2010.

TOMASI di LAMPEDUSA, Giuseppe. *Il Gattopardo*. Nuova edizione riveduta a cura di Gioacchino Lanza Tomasi. Milano: Feltrinelli, 2014.

_____. *O Gattopardo*. Tradução e prefácio de Marina Colasanti. Rio de Janeiro: Record, 2000.

_____. "La Sirena". In: *Racconti*. Nuova edizione rivista e accresciuta a cura de Nicoletta Polo; introduzione e note di Gioacchino Lanza Tomasi. Milano: Feltrinelli, 2015.

_____. "Ricordi d' Infanzia". In: *I Racconti*. Nuova edizione rivista e accresciuta a cura de Nicoletta Polo; introduzione e note di Gioacchino Lanza Tomasi. Milano: Feltrinelli, 2015.

TOMASI, Gioacchino Lanza. *I Luoghi del Gattopardo*. Palermo: Sellerio, 2007.

TROMBADORI, Antonello. "Dialogo con Visconti". In: *Il Film Il Gattopardo e la Regia di Luchino Visconti*. A cura di Suso Cecchi D' Amico. Bologna: Cappelli Editore, 1963.

VECCHI, Roberto. "Corpos Grafemáticos: O Silêncio do Subalterno e a História Literária". In: *Gragoatá*, Revista do Programa de

Pós-Graduação em Letras da Universidade Federal Fluminense, Niterói, Eduff, n. 24, primeiro semestre de 2008.

VISCONTI, Luchino. "Cinema Antropomorfico". In: *Visconti: Il Cinema*. A cura di Adelio Ferrero. Modena: Ufficcio Cinema del Comune di Modena, 1977.

_____. "Il Gattopardo: Romanzo e Film". In: *Visconti: Il Cinema*. A cura di Adelio Ferrero. Modena: Ufficcio Cinema del Comune di Modena, 1977.

WOODWARD, Christopher. "La Scrittrice, il Pescatore e il Principe". In: *Tra le Rovine*: Un Viaggio tra la Storia, l'Arte e la Letteratura. Trad. Libero Sosio. Parma: Ugo Guanda Editore, 2001.

WOOLF, Virginia. "Flanando por Londres". In: *O Sol e o Peixe*: Prosas Poéticas. Seleção e tradução Tomaz Tadeu. Belo Horizonte: Autêntica Editora, 2015.

Sobre o autor

Pascoal Farinaccio é doutor em Teoria e História Literária pela Unicamp, com pós-doutorado pela Università di Bologna. Professor de literatura brasileira na UFF, publicou diversos artigos em revistas acadêmicas e os livros *Serafim Ponte Grande* e as *Dificuldades da Crítica Literária* (Ateliê Editorial, 2001) e *Oswald Glauber: Arte, Povo, Revolução* (EdUFF, 2012).

1ª EDIÇÃO [2019]

Esta obra foi composta em Chronicle Text e Sentinel sobre papel
Pólen Soft 80 g/m² para a Relicário Edições.